Chegando Aonde Você Está

A Vida de Meditação

CHEGANDO AONDE VOCÊ ESTÁ

A Vida de Meditação

Steven Harrison

Tradução do inglês
Zeneida Cereja da Silva

EDITORA TEOSÓFICA
Brasília-DF

Título do Original em Inglês
Getting to Where You Are – The Life of Meditation

Jeremy P. Tarcher/Putnam
New York, NY

EDITORA TEOSÓFICA, Sociedade Civil
SGAS — Quadra 603 — Conj. E, s/nº
70.200-630 — Brasília-DF — Brasil
Tel.: (61) 322-7843
Fax: (61) 226-3703
E-mail: st@stb.org.br
Sites: www.editorateosofica.com.br
www.stb.org.br/livrar.html

Chegando Aonde Você Está
A Vida de Meditação

H313 Steven Harrison

Brasília, julho de 2002
ISBN 85-85961-77-5

Assunto: 1 – Meditação
2 – Autoconhecimento
3 – Psicologia

CDD 131

Capa
Marcelo Ramos
Diagramação
Reginaldo Alves Araújo
Equipe de revisão
Alfredo Puig R.Figueroa
Carlos Cardoso Aveline
Regina Vitória Ruzzante

Sumário

INTRODUÇÃO 11

PARTE 1

SERÁ QUE JÁ NÃO É HORA DE ACORDAR?

1 – COMO CHEGAMOS ATÉ AQUI?

Nascemos Nus, com Frio e com Fome – E Depois as Coisas Pioram. 17

Despertando Repentinamente no Meio da Vida......... 20

Vida Conturbada – Eu a Simplificarei Quando Tiver um Minuto 22

Quem São Todas Estas Pessoas na Minha Vida?....... 23

Egoísmo *versus* Altruísmo 26

2 – PASSANDO E REPASSANDO A VIDA

Enfrentando o Dia, Pagando as Contas, Atendendo a Um Telefonema de Nossa Mãe................................ 31

Menos é Mais, Mais ou Menos 33

Saindo do Nosso Roteiro ... e Descobrindo-nos em um Novo Roteiro 35

Não Mais Histórias – O Fim do Espetáculo 37

3 – NÃO HÁ NADA MAIS?

Uma Questão Fundamental 39

Quem Sou Eu?.. 40

Procurando por Pistas 41
Meditação – O Começo da Compreensão? 43

PARTE 2

MEDITANDO SOBRE A MEDITAÇÃO

4 – MEDITAÇÃO – O QUE É, O QUE NÃO É, E COMO FICOU DESSE JEITO?
Notícias, Previsões do Tempo e Meditação – Trazidas a Você Pela Coca-Cola *Diet* 47
Meditação Como Metáfora 49
O Óleo Que Nos Faz Derrapar Hoje 50
O Olhar Conhecedor do Estudante Avançado de Meditação 51
O Estrondoso Silêncio da Desistência 52

5 – TÉCNICAS PARA EXPLORAR A MENTE
Quem Pensou em Tudo Isso? 55
As Roupagens Culturais dos Ensinamentos Espirituais 58
A Limitação dos Sistemas de Meditação 59
Explorando a Mente 60

6 – MEDITAÇÃO DE CONCENTRAÇÃO – O ESPANTALHO VAI AO MAGO EM BUSCA DE UM CÉREBRO
O Vidente e o Iogue 63
Medo e Aversão no Caminho Espiritual 65
Concentração Maníaca e *Samadhi* 68

Exercícios Simples de Meditação de Concentração... 68
Efeitos Colaterais da Meditação de Concentração –
Não Tente Essa Meditação em Casa 70
Além do Torpor e Avançando Para as Boas Coisas... 71
O Que é Tudo Isso, Então?.. 73

7 – MEDITAÇÃO DE ATENÇÃO – FIQUE ATENTO,
ISSO É IMPORTANTE
O Lado Bom da Concentração 75
A Atenção Está na Moda.. 76
Primeira Etapa – Exercícios Para a Atenção............ 79
Será Que Ainda Estamos Atentos?.......................... 80
Como Estar no Momento?.. 82
Como Estar no Momento Depois Disso – Afinal, o
Que é a Atenção?.. 83
Atenção, Aquele Intervalo Desagradável
Entre um Cochilo e Outro 85

8 – MEDITAÇÃO DEVOCIONAL – SE EU AMASSE VOCÊ
Chegando ao Coração da Questão.......................... 87
Devoção – O Ópio da Religião 89
Meditação de Amor Benevolente............................ 91
Se Eu Amasse Você 92

9 – A AUTORIDADE E A BUSCA DE SEGURANÇA
Como Podemos Legitimar um Instrutor Espiritual?... 95
Todas as Generalizações São Falsas........................ 97
O Que as Pessoas Iluminadas Fazem Com o Seu
Tempo Livre 98
Se Você Encontrar o Instrutor Espiritual
no Caminho 101

A Dependência de uma Autoridade Espiritual 103
O Pai Sabe Tudo 104
Mãe, Você Realmente me Ama? 105
O Que Fausto Aprendeu da Maneira Mais Difícil? 106
Do Que Temos Medo? 107
A Responsabilidade do Indivíduo 108

10 – Meditação de Realidade

Nós Somos Todos Mestres de Meditação 111
O Que é a Realidade, de Fato? 112
O Tempo – Ele Evita Que Tudo Ocorra Simultaneamente 113
O Tempo Psicológico 116
Outras Considerações Extremamente Importantes Sobre a Natureza da Mente e da Realidade 120
Iluminação – Indo Além da Meditação e Até a ... Vida! 126
A Não-Prática da Meditação de Realidade 133

11 – A Respiração e o Corpo na Realidade

A Singularidade Nua e o Espaço Quase Infinito 135
O Que é Então o Nosso Corpo? 138
O Corpo Como um Depósito de Resíduos Tóxicos ... 141
O Corpo Como um Sistema de Crença 146
Os *Chakras* – Eles Estão Lá ou Não? 147
O Corpo Como Realidade 152

Aprendendo a Respirar – Nós Já Não Estamos Respirando? 153
Explorando a Respiração e os Estados da Mente 155

12 – **Meditação de Realidade sem Esforço**

É Difícil Não Fazer Nada 157
O Problema Está em Procurar Uma Solução 161
O Fim do Buscador Espiritual 162
Seis Experimentos Com Meditação 162
Expandindo o Silêncio – A Experiência do Diálogo 163
Explorando o Silêncio – Grupo de Meditação de Realidade 168

Parte Três

Meditação Dispersiva e Vida Diária

13 – **Os Nossos Pensamentos Parecem Ter a Sua Própria Mente**

Frustrados Com a Nossa Raiva 173
Estamos Com Medo de Uma Vida Sem Medo? 178
Ansiedade e Estresse: Preocupe-se, Seja Infeliz 181
Modificando a Nossa Opinião Sobre as Drogas 186
Dor, Fracasso e Decepção 190
Obtendo Mais Espaço – A Fronteira Interna 193
Já Paramos Alguma Vez de Pensar e Esquecemos de Começar a Pensar Novamente? 194

Parte Quatro

Chegando Aqui, Vindos de Lá

14 – No Final é o Começo

Uma Fé Sem Crença 199
O Fim do Esforço 201
Permanecendo Sozinho Com Integridade 202
Crise e Mudança – Nós Estamos no Turbilhão 203
Impermanência, Dor, Vazio e Compaixão 206

15 – Expressando o Universal Naquilo Que é

Você Não Pode Chegar Lá Nem de Onde Você Está Nem de Qualquer Outro Lugar 209
Não Acredite em Coisa Alguma 212
Realidade – Nós Já Estamos Aqui 215
Chegando Aonde Você Está e Permanecendo Ali... 216
Posfácio 219
Realidade, Amor e Felicidade 219

INTRODUÇÃO

Uma coisa de que o mundo definitivamente não necessita é de um outro livro sobre como meditar. É precisamente por esse motivo que eu escrevi um livro sobre meditação. E não foi escrito para ser um livro a mais, mas sim para desfazer a noção de que há alguma técnica de meditação que irá solucionar os nossos problemas, relaxar os nossos corpos e trazer-nos para a luz radiante da verdade em vinte minutos por dia.

Tem-se causado mais prejuízo do que melhora com a propagação dos ensinamentos espirituais. As idéias de espiritualidade se tornaram um fardo nas vidas dos buscadores, uma pressão somada a todas as outras pressões da vida. Essa pressão tem se inserido em nossa meditação, e é exatamente disso que precisamos nos libertar.

Relaxe! Nós não tínhamos compreendido bem. A meditação não serve para alcançar algum estado de bem-aventurança, nem sequer para libertar-nos de nossas ansiedades. A meditação não consiste de vinte minutos pela manhã antes de um dia de pressão. A meditação refere-se a tudo. Nós já estamos fazendo isso, sem esforço. É o nosso modo natural de ser.

Esse livro refere-se tanto ao que *não* é meditação quando ao que é meditação. No final das contas, a meditação é abandonar o que não é e ser o que é. Será isso tão difícil de conseguir a partir de onde você está?

Milhões de norte-americanos meditam. Para a maioria, a meditação é uma experiência frustrante, resultado de ensinamentos autoritários de instrutores norte-americanos autoproduzidos ou gurus exóticos importados em associação com o nosso desconhecimento sobre como as nossas mentes de fato atuam.

A espiritualidade está repleta de idealismo e imaginação, e em função disso, os praticantes de meditação guardam um segredo. Eles fracassaram. Eles sabem o que se espera que eles experimentem. O segredo é este: nada está acontecendo durante as suas meditações, a não ser o zunido do pensamento e o desconforto do corpo.

Em nossa sociedade consumista, os moradores da cidade possuem carros esportivos importados, os romances *best-sellers* não são comprados para serem lidos, mas para decorarem as prateleiras, e os produtos de marcas famosas são colecionados como substitutos de uma classe social. Portanto, não deve nos surpreender o fato de a meditação do dia ser feita sem resultado nem compreensão. Para aqueles que fazem *marketing* com a meditação, o conteúdo é menos importante do que a participação no mercado. Novas técnicas são simplesmente inventadas ou velhas técnicas reprogramadas para servirem ao público consumidor sempre instável.

Afinal de contas, o materialismo não funciona. Quem está realmente feliz? A religião não funciona. Nós rezamos, mas quem está ouvindo? Nós tentamos a meditação, as novas terapias, as religiões exóticas, os anjos e as canalizações. Nada funciona, nada resolve fundamentalmente o nosso conflito.

Desde a década de 1970, vem ocorrendo um esvaziamento significativo do movimento psico-espiritual nas três últimas décadas por causa do fracasso dessas técnicas. Milhões de indivíduos interessados em espiritualidade seguem religiosamente práticas que não mudaram fundamentalmente as suas vidas – e nunca mudarão. Igualmente, milhões de pessoas têm se rendido a uma descrença crescente, quando descobrem que seus instrutores e colaboradores estão envolvidos em escândalos sexuais, financeiros ou de poder.

A exploração dinâmica da psicologia e da espiritualidade das décadas passadas tem dado espaço para o pseudopsiquismo, para as práticas religiosas mecânicas e para o jargão da Nova Era. E agora?

Chegando Aonde Você Está é um livro que tem o intuito de abordar essa questão investigando a realidade da meditação sem a limitação de uma religião em particular, de uma crença ou técnica. É um convite ao praticante de qualquer técnica de meditação para que entenda mais sobre a realidade da meditação e da vida. É uma *desconstrução* das idéias sobre a meditação que obscurecem o nosso entendimento a seu respeito. Esse livro descreve a meditação que não é atrapalhada pela motivação, ou seja, a meditação que é o simples reconhecimento de onde nós estamos. Essa é a única meditação que não produz mais confusão na mente, pelo contrário, a elimina, e é a que todos nós já estamos fazendo – meditação de realidade – que é viver. Essa é a investigação dinâmica da natureza da vida, livre das barreiras da doutrina, da crença religiosa e das práticas de técnicas orientadas.

Chegando Aonde Você Está foi escrito para libertar o leitor dos fardos impostos pelas estruturas dogmáticas de técnicas de meditação e substituir isso por... nada – somente pela exuberância de uma vida atentamente observada – uma vida bem vivida.

PARTE 1

SERÁ QUE JÁ NÃO É HORA DE ACORDAR?

1

Como Chegamos Até Aqui?

Não há cura para o nascimento ou a morte, exceto desfrutar do intervalo.

George Santayana

Nascemos Nus, Com Frio e Com Fome – E Depois as Coisas Pioram

Em um certo momento de nossas vidas, de repente nos tornamos conscientes. Isso pode acontecer aos quatro ou aos quarenta anos. Em um momento primordial de reconhecimento, olhamos ao redor para o mundo em que habitamos e ocorre a experiência primordial de confusão completa.

Somos invadidos por muito mais perguntas do que conseguimos lidar no período de uma vida. Quem sou eu? De onde eu vim? Para onde estou indo? O que é a morte? Por que os relacionamentos são tão difíceis e confusos?

O fato é que nós realmente não sabemos quem somos, como chegamos aqui, o que é a morte, e muito menos o que significam os relacionamentos em nossas vidas. Nós estamos confusos. Procuramos por respostas, qualquer coisa que dê segurança diante do caos. Voltamo-nos para os mitos da nossa cultura, as crenças da nossa religião, o consolo de uma prática espiritual, ou a autoridade de um líder carismático.

Mas nenhuma dessas coisas pode dar término à nossa confusão. Nós sabemos disso. E esse fato é ainda mais confuso.

Como chegamos nesse mundo tão despreparados para entendê-lo? Por que temos tantas perguntas e tão poucas respostas significativas? Podemos tentar evitar esse estado existencial de incerteza, mas ele nos acompanha sempre. Está conosco em qualquer ponto, quando questionamos nossas crenças. Está conosco quando as estruturas de nossa vida sofrem mudanças repentinas, quando ficamos doentes ou quando alguém querido morre. Como chegamos a isso?

Nascemos na incerteza. De onde surgiu o primeiro alento? Haverá um outro? Quando chegará o último alento? A própria natureza de nossa existência é frágil; ela depende, de momento a momento, de respiração a respiração, de alguma propriedade invisível e evanescente chamada Vida.

O momento do nascimento é traumático. Nascemos a partir da dor de nossa mãe e com a nossa própria dor. Nascemos com nada mais que aquela dor – nus, com frio e com fome. E depois as coisas pioram.

Somos embrulhados, cutucados e pesados. As luzes são ascendidas e apagadas. Fraldas. Cobertores. Pessoas. Nós queremos dormir. Queremos comer. O mundo gira ao nosso redor, somos envolvidos por ele, não estamos separados dele e mesmo assim não o compreendemos.

Em meio a tudo isso, respiramos. Estamos vivos e cheios de vitalidade. Somos um feixe de potencial genético se desenvolvendo sem explicação para tornar-se uma criança, um adolescente, um adulto, um velho estando apenas há um momento da morte, agora em nossa última respiração.

Mas nós começamos nus. Começamos sem saber. Começamos na incerteza.

Nós começamos a aprender. Choramos e somos alimentados. Ou choramos e *não* somos alimentados. Choramos e recebemos colo. Ou choramos e alguém nos bate. Nossa experiência começa a formar a base de nossa realidade, e essas experiências são codificadas em pensamento como memória. Aprendemos sobre os relacionamentos – as nossas ações e os seus resultados, a interação do nosso corpo com os objetos ao nosso redor, os meios de encontrar alimento, aconchego e sono.

Nós engatinhamos, damos os primeiros passos e por fim caminhamos. Estamos desenvolvendo nossas habilidades, nosso conhecimento e nossa capacidade para influenciar aqueles que estão ao nosso redor. Esses nos possibilitam o alimento, o aconchego e o sono. Portanto, influenciá-los torna-se uma tarefa importante para nós, e somos logo envolvidos em um mundo de coerção, influência e contra-influência. Continuamos a aprender e a crescer.

Esquecemos que nascemos nus. Esquecemos até mesmo que nascemos. Do nosso ponto de vista, sempre estivemos aqui e, por isso, sempre deveremos estar aqui de agora em diante. Nós só precisamos do alimento, do aconchego e do sono.

Nós nos tornamos fechados nesse mundo de esquecimento. Crescemos com esse mundo de sujeito e objeto, força e contraforça, influência e contra-influência, sendo o nosso contexto. O pensamento é o nosso aliado nesse mundo, porque o pensamento sabe como predizer e agir nesse mundo novo. Logo, o pensamento não é mais o nosso aliado, ele é nós mesmos. A ferramenta útil, que o pensamento realmente é, torna-se a nossa identidade.

Nós esquecemos que existe uma outra maneira de ser.

Nosso mundo se torna cada vez mais complexo na medida em que os nossos impulsos básicos se expandem em nosso novo mundo psicológico, um mundo centrado em "mim" e preenchido com os "meus" pensamentos e sentimentos. Nesse mundo, a fome do corpo torna-se a fome da mente. Nós necessitamos de atenção, de reconhecimento, de afeto e de muito mais, porque as necessidades são infindáveis. Aplicamos o que aprendemos para alimentar as nossas necessidades psicológicas. A nossa personalidade se forma em função de nossos sucessos e fracassos. Nós aprendemos *quem* somos a partir do *modo* como agimos para obter as respostas de que necessitamos.

Esquecemos que não temos idéia alguma de onde viemos. Esquecemos do mundo não-individualizado a partir do qual os nossos pensamentos se desenvolveram e se fundiram ao redor da idéia central do eu. Colocamos de lado a incerteza. Formamos um "eu", uma personalidade, uma série de comportamentos que funcionam para nos dar o que precisamos, ou pelo menos para nos dizer quem somos em cada situação que encontramos.

Somos adultos. Nós nos sentimos seguros. Não nos sentimos nus. Sabemos do que gostamos e do que não gostamos. Algumas vezes ficamos confusos. Outras vezes nos machucamos. Bem, na realidade nós nos machucamos muito, mas isso é a vida, não é mesmo? Com certeza, é isso mesmo. Nós gostaríamos de falar mais, mas temos que ir para o trabalho agora e levar as crianças para a escola.

As crianças? Nós já temos crianças? Acaso não nascemos nus, e assim por diante, há apenas um momento atrás? Como chegamos aqui? De onde viemos? Por que morremos? E quem *é* essa pessoa deitada na cama ao meu lado? As perguntas surgem novamente. A incerteza. A confusão. De repente nos acordamos. Olhamos em volta. Necessitamos de algumas pistas – e rápido.

Despertando Repentinamente No Meio Da Vida

Somos repentinamente despertados no meio de nossa vida. Sabemos vagamente como chegamos aqui. Temos álbuns com fotos na estante. Ali encontramos evidências seguras e algumas pistas. São as nossas fotos de quando éramos bebês. Eles parecem uma porção de bebês, mas nós nos reconhecemos neles. Há fotos de quando começamos a andar, da primeira bicicleta, do primeiro dia de aula, do time de futebol e da peça de teatro estudantil.

Podemos ver os nossos pais ficando velhos, foto por foto, mudando do mesmo modo, tornando-se mais gordos ou depois mais grisalhos. E de repente as fotos começam a se repetir. Fotos de bebês que se parecem com outros bebês, e ali também nos reconhecemos. Bom Deus, aqueles são os nossos filhos! Agora eles estão caminhando. Agora estão indo para a escola. Nós somos aqueles que estão engordando e ficando grisalhos.

Isso pode ser sério. Estamos no meio da nossa vida e não temos uma pista a respeito do que está acontecendo. E então, a primeira pista que temos é que estamos ficando velhos. Como isso aconteceu?

Eu estudei porque é isso que se tem que fazer. E assim, certamente, consegui um bom trabalho, porque eu estudei. Mas isso depois de dois meses vagando pela Europa. Eu fiz isso com um espírito de liberdade. Depois a casa. É o que você faz com o cheque que recebe do trabalho. Você compra uma casa. Ah, certo, quase esqueci, o casamento. Esse vem depois do trabalho, mas antes da casa. Eu quase esqueci o casamento porque esse é como se já fizesse parte da mobília, você sabe o que quero dizer. Não significa que não estejamos nos amando, mas apenas que conhecemos tão bem um ao outro que não há muito para dizer. E depois os filhos. Que grande empreendimento foi esse! Se você não tem filhos, nunca saberá o que está perdendo. Mas agora eles já cresceram, já estão prontos para sair e estudar fora. Preocupo-me se eles conseguirão um bom trabalho. Provavelmente eu terei de ajudá-los a comprar a sua primeira casa. E agora, de que estamos falando mesmo?

O esquecimento se estabelece. A mente vacila. As gerações vêm e vão.

Um dia, alguma coisa muda, nós acordamos e não conseguimos mais esquecer. Não podemos voltar atrás para dormir. Encontramo-nos face a face com uma vida que é tão confusa, tão cheia de obrigações, com suas pressões de tempo e dinheiro, seus medos, e ainda com tanta falta de um sentido óbvio ou qualquer esperança de mudança.

E agora?

Vida Conturbada – Eu a Simplificarei Quando Tiver Um Minuto

Diante da compreensão fundamental de que precisamos mudar a realidade de nossas vidas, que hoje estão fora de controle, vidas enfocadas de tarefa em tarefa no caminho de um esquecimento alimentado somente pelo nosso próprio ceticismo, nós fazemos o óbvio – nós adiamos. Ganhamos tempo. Eu simplificarei a vida quando tiver um minuto. Mais tarde. Amanhã. No próximo mês. No próximo ano. Depois que as crianças forem para a escola. Quando eu me aposentar.

O problema com o adiamento, com certeza, é que ele não funciona. Se funcionasse, seria verdadeiramente uma bela qualidade da psique humana.

Imagine, por um momento, que o lixo tem que ser retirado. Eu o retirarei amanhã. Eu não estou com vontade de fazer isso hoje à noite. Procrastinação da melhor espécie. Eficaz. Precisa. O problema está solucionado pelo menos até amanhã. A energia é conservada. Amanhã – o mesmo lixo, o mesmo problema, a mesma resposta. Eu farei isso amanhã. E assim por diante, noite após noite. Mês após mês. Imagine se isso realmente funcionasse.

Na realidade, o lixo está se empilhando por toda a casa e apodrecendo. Gases nocivos estão sendo liberados. Insetos eclodem do caos. Os vizinhos chamaram o departamento de saúde. O serviço social recolheu as crianças. A companhia hipotecária promoveu uma ação para proteger a sua propriedade. O adiamento só funciona em nossas mentes. Não funciona de fato.

Isso é óbvio. Exceto quando surge para mudar as nossas vidas. A mudança – parece que estamos convencidos disso – deve sempre vir depois, ainda que realmente saibamos que a mudança precisa ocorrer agora. Não há nenhum outro tempo ou lugar para que ela ocorra. Existe somente o agora. As nossas mentes dirão que há um depois, mas nós sabemos que o depois se empilhará com o lixo – a obscura confusão das nossas vidas.

Se tivermos que simplificar, desembaraçar e clarear as nossas vidas, a hora é agora. A verdadeira compreensão desse fato nos faz romper com as complicadas estruturas de adiamento no presente. O futuro desabou nesse momento. Nós descobrimos a chave para mudar, porque descobrimos onde reside a mudança. Nós descobrimos o Agora.

Agora não temos mais desculpas. Não temos mais amanhãs. Agora tivemos contato direto com as coisas da nossa vida; podemos sentir o peso dos acordos e das obrigações que criam a pressão do tempo, o impulso infindável para o futuro.

Agora vamos simplificar. Encontrar a qualidade atemporal da vida que sabemos que existe. Busquemos agora a verdadeira expressão do nosso amor e vínculo com o mundo, o verdadeiro significado de nossa existência. Vamos nos ocupar das questões da vida e da morte ao invés de evitá-las. Vamos nos relacionar honestamente em vez de estrategicamente. Vamos nos conectar em vez de apenas sobreviver. Vamos agora encarar o nosso medo ao invés de fugir dele.

Agora.

Quem São Todas Estas Pessoas na Minha Vida?

Nós captamos isso. Realmente compreendemos isso agora. É agora! Não é mais tarde. Mais tarde é nunca. É isso. Estamos prontos para a mudança, jogando fora o velho e trazendo o novo. Primeiramente limparemos todos os armários e enviaremos um caminhão cheio de coisas para o Exército da Salvação. Então ficaremos livres de todos os entulhos que havia ao nosso redor, das pilhas de livros que nunca leríamos, da televisão, do colchão com as molas quebradas onde o nosso cônjuge costuma dormir. Nós nos livraremos até mesmo do cônjuge. Oh, esquecemos que estamos em um relacionamento. Temos acordos, uma história, um futuro.

Temos um problema. Estamos casados com o problema. Nós criamos o problema. Ou o problema nos criou. Ou se tornou nosso amigo. Ou trabalha conosco. O problema é este: nós temos amigos e família, colegas e vizinhos. Eles são partes integrantes da nossa vida. Em grande parte, eles definem a nossa vida. Nós temos um trato. Mas agora queremos mudar, e isso não faz parte do trato.

Nossos amigos e família gostam de nós exatamente do jeito que somos, mesmo que eles não gostem do jeito que somos. Eles gostam de nós mesmo não estando de acordo com a forma como somos. Há algo bem seguro e reconfortante no fato de sabermos o que esperar – gostando ou não disso – em relação a alguém com quem você compartilha o seu tempo. Quando começamos a mudar, nós ameaçamos essa segurança. E essa rede de pessoas, essa rede de influências, reage da única maneira que sabe.

Eles tentam deter a mudança. Tentam nos coagir a permanecer os mesmos. Tentam nos aterrorizar, fazendo-nos sentir culpados, ingratos, egoístas, irresponsáveis, ou uma série de outras coisas, todas elas com intuito de nos manter como estamos.

Quem são essas pessoas, afinal?

São os pais. Eles nos deram a vida, ou pelo menos nos criaram. Isso lhes dá o direito de se envolverem em todos os detalhes da nossa vida para sempre. Isso é uma dádiva. Ou é uma cobrança. Quem formulou essa regra, afinal? Não é a paternidade e a maternidade uma função que tem um tempo e um lugar, mas também tem um tempo e um lugar para transformar-se em alguma coisa diferente? Os pais acostumam-se tanto a cuidar dos filhos que freqüentemente fazem disso um hábito e continuam cuidando de seus filhos mesmo depois que eles se tornaram adultos. O resultado: filhos de meia-idade e pais velhos, nenhum dos quais consegue mudar.

Temos então um companheiro, um esposo, uma esposa, um namorado, uma namorada, ou o que seja. Aqui a trama torna-se densa. Aqui *de fato* participamos de alguns acordos. Nós dissemos que amávamos, e como retorno esperamos amor. Criamos um contrato social baseado em nossos sentimentos mais profundos. Esse é um elemento chave de nossa vida. Mas o que são os nossos sentimentos mais profundos? De onde eles vêm? Eles continuam sendo os nossos sentimentos mais profundos, ou descobrimos sentimentos ainda mais profundos que não se refletem mais em nosso contrato? Essa parte da nossa vida precisa mudar muito, e ela resiste em mudar tanto.

Vêm então os filhos. Eles não se criaram por si mesmos. Nós os criamos. Criamos o relacionamento com eles, as estruturas de acordo e desacordo. Eles estão vivendo através disso, tentando intensamente chegar à fase adulta quando poderão decifrar as suas próprias vidas confusas. Esses filhos exigem tudo, desde *band-aids* até tipóias, desde um amor santo até uma sabedoria salomônica. Ainda mais, você tem que ser capaz de decifrar palavras ininteligíveis, lembrar como se calcula a incógnita "x" e saber o que é um ribossomo. Esse é o contrato social do inferno. Nós criamos o contrato em branco e o assinamos. Demos o contrato em branco para os filhos, e eles todos o assinaram.

Os atores menores em nossa vida são os colegas e o chefe, os vizinhos e os amigos. Aqui nós compartilhamos padrões e hábitos, local e trabalho, recreação e diversão. Esses são comportamentos previsíveis, mensuráveis, que estabelecem relacionamentos com outros que também expressam esses comportamentos. A questão aqui é que se você alterar o seu comportamento terá que trocar os amigos. Se trocar de cidade, terá que trocar os vizinhos. E se você alterar a sua atitude no trabalho, terá que tirar da gaveta o seu currículo e começar a procurar oportunidades para avanços profissionais.

As pessoas em nossa vida esperam certas coisas de nós e nós esperamos a retribuição. Elas são a mais verdadeira manifestação do modo como entendemos e nos relacionamos com o mundo ao nosso redor. Todos nós sabemos que tudo não está completamente certo. Existe uma qualidade mecânica e repetitiva em nossas vidas e em nossos relacionamentos. Nós crescemos acostumados com esse caminhar sonâmbulo através dos dias e dos anos. Mas sabemos, bem dentro de nós, que deve haver algo mais ou algo diferente.

Essa insatisfação torna-se mais e mais urgente. Nós temos necessidade de mudar mais e mais, de trazer à tona a essência das coisas, de trazer mais significado, mais profundidade às nossas vidas.

Egoísmo *Versus* Altruísmo

A urgência por mudança pode nos levar para o egoísmo ou para o altruísmo. O movimento para o egoísmo é mais provável. A nossa profunda insatisfação pode conduzir toda a nossa energia para a busca de qualquer coisa que nos faça sentir melhor. Isso é egoísmo. A busca do dinheiro, da fama, do respeito, do sexo, do poder – de qualquer coisa que possa preencher os nossos desejos habituais.

Nós tentamos novas identidades. Fazemos uma reforma. Começamos a ler livros de auto-ajuda. Participamos de seminários para desenvolver o poder pessoal. Empenhamonos na ginástica. Tentamos elevar a nossa posição na vida – nosso poder, nosso dinheiro, nossa posição de controle ou domínio, ou, pelo menos, nossa notoriedade em casa, no trabalho e em nossa comunidade. Se dirigimos uma empresa, dominamos o concorrente. Se somos líderes dos escoteiros, o nosso grupo vende mais biscoitos que qualquer outro na região.

A urgência nos faz sentir que estamos parados e nos impulsiona para que sejamos alguma coisa a mais. Esse "mais" pode ser mais fracasso, mais neurose, mais depressão. A busca é por identidade, então o egoísmo não se importa se ele está nos levando ao sucesso ou seguramente ao fracasso.

Ironicamente esse caminho para o egoísmo é uma direção tremendamente liberadora para alguns de nós. De fato, nós seguimos a ordem dos nossos impulsos egoístas. Tornamo-nos poderosos ou fracassados. Consumimos a nós mesmos na vida autocentrada de nossos condicionamentos. O conhecimento está lá, ainda que estejamos vivendo uma vida mecânica e repetitiva. O vazio continua lá, apesar do poder, do respeito, do dinheiro e de tudo o mais que possamos ter criado em nossa busca pelo sucesso. O impulso para a transcendência continua lá, apesar do mundo neurótico de obstáculos, dependência e depressão que possamos ter criado em nossa busca pelo fracasso. A urgência continua lá.

Nas conquistas egoístas, podemos descobrir as limitações do egoísmo.

Aqui a direção parece alterar-se. O movimento em direção ao egoísmo agora parece reconhecer a sua própria futilidade, e começamos a buscar o altruísmo. Buscamos as avenidas que conduzem a esse estado mágico no mundo que nos rodeia. Tentamos a religião – novas, velhas, reformadoras, ocidentais, orientais, ortodoxas. Nós tentaremos até mesmo religiões baseadas em conceitos tão bizarros que se poderia pensar que foram criadas por um autor de ficção científica. Realmente, podemos até tentar uma religião que um autor de ficção científica *de fato* inventou. Para resumir, suspendemos qualquer porção de inteligência, sentimento, intuição e conhecimento que temos, em favor de crenças totalmente ridículas – os OVNIS estão vindo em cometas para nos levar embora; seres sem corpo de outros mundos presos a vulcões há milhões de anos; dez mil reis guerreiros desencarnados comentando sobre os nossos problemas.

Tentamos desesperadamente acreditar. Se apenas pudéssemos acreditar em algo, qualquer coisa, sabemos que nos sentiríamos bem. Nós tentamos. Nós acreditamos. Nós realmente acreditamos. Nós temos amigos que também acreditam. Nós estudamos as nossas crenças. Praticamos as nossas crenças.

Por fim, nós simplesmente não conseguimos.

Não podemos interromper tudo em favor da crença. A urgência está lá. Aquela questão não resolvida que nos relembra que estamos vivendo uma vida mecânica e repetitiva permanece lá.

Nós investigamos a espiritualidade para completar as nossas crenças ou até mesmo para substituí-las. Tentamos a ioga, a meditação, a astrologia. Começamos a nos sentir mais saudáveis, mais tranqüilos, mais leves. Falamos o que é para falar e até mesmo trilhamos parte do caminho. Falamos com autoridade a respeito do *chakra* do coração e de nossa lua em Capricórnio. Nós nos sentamos na posição de lótus, penduramos um cristal rosa em nosso pescoço e cuidadosamente mastigamos e saboreamos o frescor do espinafre e da salada de brotos com um balsâmico vinagrete sem gordura. Demos grandes passos nesse assunto de altruísmo. Nós nos sentimos muito iluminados.

Na realidade, nós estamos muito confusos.

A urgência em nossa vida nos levou à réplica do egoísmo. Ela parece algo real, mas nós sabemos o fato. O eu está em grande estilo desfrutando de todas as benesses da espiritualidade. A partir de sua perspectiva narcisista, o "eu" está melhor do que nunca.

O eu descobriu o egoísmo na sua busca pelo altruísmo.

Agora estamos num dilema. O movimento do egoísmo não mais nos preenche. O movimento em direção ao altruísmo nos enreda ainda mais profundamente em nosso eu.

A urgência permanece. Nós nos atrapalhamos. Vacilamos. De repente nos encontramos absolutamente parados frente a esses movimentos contraditórios. A urgência se intensifica. Nós não nos movemos. Temos experimentado ciclos intermináveis para chegar a algum lugar e não nos encontramos em nenhum lugar. A partir desse novo momento, desistimos de tentar, desistimos de ir a qualquer lugar diferente de onde nós estamos.

Na tranqüilidade desse momento, de repente chegamos afinal a algum lugar. Nós estamos aqui. Nesse momento. E nesse momento, sem uma história e sem um futuro, não somos egoístas nem tampouco encontramos o nosso caminho para o altruísmo. Não há simplesmente ninguém ali. Existe somente o momento, a tranqüilidade.

E, de repente, nós regressamos. Acabamos de ter uma experiência simplesmente surpreendente. Ficamos livres por um momento do fardo, da dor, da confusão de nossa vida, porque nos libertamos do nosso eu. Agora estamos de volta e fixamos a experiência na memória. Nós lembramos dela. E começamos a procurá-la. Precisamos encontrar aquela experiência – a experiência que é a ausência do experimentador.

Nós buscamos. Buscamos. E buscamos.

Não conseguimos encontrá-la novamente, porque estamos olhando nos lugares errados. Estamos buscando o campo do pensamento, da memória, da experiência para aquilo que não é pensamento, que não é memória, que não é experiência, que não é eu.

Então começamos a procurar por aquilo que só é encontrado quando a busca cessa. Essa busca não pode encontrar o que procura. A sua única esperança é exaurir-se em si mesma e chegar ao seu fim, o fim da busca espiritual.

2

PASSANDO E REPASSANDO A VIDA

A vida é simplesmente um fato lamentável após o outro.

Elbert Hubbard

ENFRENTANDO O DIA, PAGANDO AS CONTAS, ATENDENDO A UM TELEFONEMA DE NOSSA MÃE

Muito do que fazemos com a nossa vida é simplesmente passar por ela. É isso. Essa é a nossa habilidade. Passamos por mais um dia. Levamos as crianças à escola. Vamos ao trabalho. Trocamos o óleo do carro durante o horário de almoço. Temos o roteiro pronto. Enfrentamos a hora do *rush*. Seguimos no tráfico da nossa vida. Sobrevivemos.

Isso é quase uma vitória, dada a complexidade e os desafios do mundo contemporâneo. Mas será que é suficiente?

Somos conduzidos em nossas vidas por forças que mal reconhecemos. Cada um de nós tem uma agenda interna que foi formada a partir de mensagens recebidas de aceitação e crítica e a partir das nossas características biológicas básicas. Somos precavidos ou descuidados, introvertidos ou extrovertidos, detalhistas ou generalizadores, organizados ou descuidados. Temos outros atributos incontáveis, que se combinam com a realidade construída por nós e que nos dão um sentido de substância.

Essa construção individual está unida inteiramente à construção social na qual preenchemos as funções de pais, esposos e esposas, parentes, trabalhadores, empresários, cientistas, políticos, soldados, ou uma série de outras funções na círculo da vida social.

Sabemos o que fazer a cada dia baseados em nossa realidade social e pessoal. Essas construções nos trazem ordem e segurança. Elas nos conduzem durante o dia.

Se a nossa motivação se enfraquece num nível social, nós apenas precisamos olhar para o montante de contas empilhadas para encontrar energia para ir trabalhar. Se a nossa motivação enfraquece em qualquer nível, nós apenas precisamos atender ao telefone. É nossa mãe ao telefone.

As mães são para nós como que as tradutoras de toda a nossa realidade pessoal e social. Às vezes parece que elas criaram a realidade. Nós sabemos que elas nos criaram, e que essa é uma consideração amedrontadora. Desta forma, quando nossa mãe pergunta: “Como está indo tudo?”, ela não está apenas nos cumprimentando. A Criadora está pedindo à Criação para evidenciar o valor e o significado da Criação. A Criadora está indicando que o verdadeiro ato de criar a Criação pode ter sido um erro.

Atender a uma ligação de nossa mãe é um dos grandes desafios da vida. Se ela aceita as explicações que lhe damos sobre a nossa vida, então chegamos a algum lugar. Geralmente, ela diz: “Que interessante...” e então sabemos que não chegamos a nenhum lugar.

O fato é que estamos juntos com a nossa mãe nisso. Ela precisa de nós para seguir adiante, para seguir adiante com a vida, para demonstrar que tem uma vida inteligente. Ela nos deu o seu trabalho incompleto, para que nós o terminássemos, e está observando na esperança de que apresentemos uma possibilidade diferente para as nossas vidas. Essa possibilidade é o presente das mães. Ela a reconhecerá ao vê-la. Qualquer coisa menos do que isso é, digamos, "interessante".

Se a mensagem da vida não está clara, chame a sua mãe. Você saberá o que fazer rapidamente. A mensagem da mamãe será clara. As mães são assim.

MENOS É MAIS, MAIS OU MENOS

O homem é a única criatura que parece ter tempo e disposição para jogar detritos no mar, e depois nadar nele.

Miles Kington

Menos é mais. Isso realmente parece ser verdade, mais ou menos. Nós pagamos um preço pela complexidade e pela confusão de nossas vidas. Somos possuídos pelas nossas propriedades, controlados pelos nossos trabalhos, e vivemos para atender às nossas obrigações financeiras, e não simplesmente para atender a nós mesmos.

Simplifique. Simplifique. Thoreau aconselhou a simplificação, mas isso ocorreu antes de Walden Pond ter despertado para o desenvolvimento de casas populares.[1]

O que significa simplificar hoje em dia? Existe um movimento crescente de simplificação que nos faz recomendações a respeito de tudo, desde cupons de supermercados até ações. Consultores especializados em simplificação sugerem que convertamos a nossa compra de dólares em quantidade de tempo que gastamos para ganhar o dinheiro, para que verifiquemos se é essa a troca que desejamos.

Ninguém no melhor de seu bom senso gastaria um ano de sua vida trabalhando em algum trabalho monótono para pagar um carro que o transporta para esse trabalho monótono.

---

[1] Walden Pond foi o local, então desabitado, em que Henry David Thoreau fez o seu retiro. (N. ed. bras.)

Quando calculamos o quanto gastamos pagando pelo custo do trabalho – imposto de renda, seguro social, transporte, seguro, alimentação e creche – começa parecer que não é mais lucrativo trabalhar, mas sim trabalhar em *não* trabalhar, e ainda mais, não gastar.

Uma vez que paramos de comprar, podemos iniciar a investir. Supõe-se que gastemos algum par de décadas vivendo em um apartamento barato, comendo grãos que cultivamos hidroponicamente na banheira, comprando em lojas de roupas usadas, dirigindo uma bicicleta na chuva ou na neve, ao invés de dirigir um carro e, então, nos convencer de que honramos o custo de tal divertimento. Somos aconselhados a investir as nossas economias em ações do Tesouro Nacional. Essas ações estão favorecendo os investidores japoneses, que estão fugindo do próprio mercado em colapso. Os consultores da simplificação, que não fizeram suas fortunas pessoais investindo em ações do Tesouro Nacional, aconselham os aposentados nos seus últimos anos de vida. Neste mundo, teoricamente simples, o nosso orçamento nos permitirá continuar no pobre estilo de vida que desenvolvemos – sem trabalhar. A não ser que a inflação desvalorize o valor de nossas ações do Tesouro, e neste caso podemos continuar o estilo de vida espartano – e trabalhar.

Talvez, para alguns, essa Vida Simples seja atraente. Para outros pode parecer um tanto quanto obsessiva. Agora, ao invés de ir para o trabalho ganhar dinheiro para viver, ficamos em casa e trabalhamos para não gastar dinheiro para viver.

Será que a simplificação não é algo diferente? Será que ela não é a essência de uma vida simples e o reconhecimento de que vivemos em relacionamento, estando trabalhando ou não? Será que a vida simples não é uma vida balanceada, uma vida de inclusão e abertura ao invés de ansiedade e protecionismo?

Para alguns de nós, simplificar significará ir para o trabalho, conseguir um trabalho mais desafiador, começar um negócio ou aumentar as nossas habilidades no mercado financeiro de forma que possamos nos estabilizar financeiramente.

Para outros, simplificar será reconhecer que somos hiperconsumistas, movidos pelo dinheiro, e que trabalhamos por medo. Para todos nós, a simplificação só pode surgir do entendimento da inter-relação de nossa vida com a vida ao nosso redor.

Solucionar o *nosso* problema não soluciona *o* problema. O nosso problema é o nosso dinheiro e a nossa vida. Esse problema pode ser solucionado conseguindo-se muito dinheiro ou não se gastando muito dinheiro. Realmente não importa qual é a realidade que construímos para viver.

O problema real de nossas vidas é que vivemos no isolamento que o medo traz consigo. O problema real é que nós nos contentamos em construir realidades e viver dentro dessas caixas. O problema real é o "eu".

A verdadeira simplificação, a única simplificação, não é *desconstruir* o nosso trabalho e o nosso dinheiro, mas *desconstruir* a nós mesmos.

SAINDO DO NOSSO ROTEIRO... E DESCOBRINDO-NOS EM UM NOVO ROTEIRO

Meu único pesar no teatro é que eu nunca pude sentar na primeira fila e me ver.

John Barrymore

Nós todos gostamos de histórias. Nós gostamos de ouvi-las e de contá-las.

Nossa história favorita é a que nós escrevemos, produzimos e atuamos. Seja uma comédia, um drama, uma tragédia ou uma aventura, no nosso mundo é Realmente a Maior História Já Contada, a melhor de todas, um grande fenômeno que ocorre a todo momento e que quebra a rotina.

Essa é a nossa história.

A História da Minha Vida.

Estreada por Mim.

Com roteiro elaborado por Mim.

Adaptada do romance *best-seller A História da Vida de Meus Pais*.

"Excelente história !" – Eu

Os dois polegares para cima! – Eu.

Reconhecidamente, a história é um pouco mais formulada. Ela foi contada bilhões de vezes, em bilhões de maneiras. Mas nós nunca nos cansamos dela.

No começo da história nascemos. Esse é um acontecimento importante. Depois de uma infância bastante marcada pelo fato de que nossa sensibilidade é oprimida pela negligência de nossos pais, tornamo-nos adolescentes. Aqui, absorvendo situações, descobrimos as profundezas da hipocrisia de nossos pais, a tentação da nossa sexualidade. Agora caímos nas drogas, no álcool ou em outras formas de confusão. Ou talvez isso ocorra mais tarde, em nosso primeiro casamento ou negócio fracassado. Ou seja o que for.

O mais importante é que isso se deve principalmente aos erros dos nossos pais, do nosso primeiro marido, ou da nossa segunda esposa, mas estamos na terapia tentando ser responsáveis pela nossa vida. É difícil fazer isso com a vida que tivemos. É por isso que não temos dinheiro, amor, saúde ou felicidade suficientes. É por isso que não podemos, não queremos ou não devemos. É por isso que sentimos medo. É por isso que aceitamos a absurda opressão em nossas vidas. É por isso que somos vítimas indefesas de forças que não conseguimos controlar. Se pelo menos os nossos pais tivessem sido melhores. Mas já é uma grande coisa poder contar a nossa história.

Certo, a história é um pouco velha. Ela já foi criada antes. Mas essa história é diferente simplesmente porque Eu a estou estrelando. É o que lhe traz vida. Eu.

Ou assim gostaríamos de acreditar. O fato é que a história é velha porque quem a conta tornou-se velho.

Prendemos a nossa vida em uma história que nos foi contada há tanto tempo que nos esquecemos de que a estamos contando. Não consideramos que é um recontar da história dos nossos pais, dos nossos vizinhos, dos nossos professores. Mas nós continuamos contando a história da nossa vida, porque não sabemos fazer outra coisa.

Tratamos de adaptar a história, melhorá-la, expandi-la, mas de certa forma ela sempre permanece trivial, superficial e repetitiva.

Nós contamos a história porque ela serve para dar algum sentido para o mundo ao nosso redor, um ponto de referência a partir do qual podemos agir. Ela nos diz como agir e por quê. Ela nos diz por que fracassamos, por que somos infelizes. Como todas as mitologias, ela tem deuses, deusas e demônios.

Sem a história, não saberíamos onde estaríamos ou o que esperar. Sem a história, o contador, o escritor e o produtor, o "eu" iriam tornar-se inúteis, não seriam nada.

Nós nos tornaríamos nada.

NÃO MAIS HISTÓRIAS – O FIM DO ESPETÁCULO

O *show* termina quando percebemos que é apenas um *show*. Quando vemos claramente que a história é uma história, que o contador é uma história, que o "eu" é uma história, aí a cortina cai. O aplauso é ensurdecedor apenas por seu silêncio absoluto.

Nós descobrimos que no centro de nossa existência não há um centro. Tal qual uma cebola, ao tirarmos cada camada, no final chegamos a nada. O nada é o centro da nossa existência. Não há ninguém no centro.

Podemos usar a palavra *nada* aqui, mas não é a palavra que está no nosso centro. Podemos facilmente dizer que o nosso centro é tudo. Que ele é amor, consciência, ou um vasto campo de consciência de onde surge tudo, inclusive a própria idéia do nosso eu separado.

O que está no centro não é uma linguagem, não é um sujeito ou objeto, não está em qualquer pensamento ou palavra.

Não está dividido, e assim não pode ser objetivado.

Não é possuído, e assim não pode ser meu.

Aqui, por fim, encontramos a própria vida.

Ser sem fazer, um roteiro que silenciou, a mais notável história jamais contada.

3

Não Há Nada Mais?

Se você é capaz de manter a sua tranqüilidade quando todos ao seu redor a tiverem perdido, é bem provável que você não tenha compreendido a situação.

Jean Kerr

Uma Questão Fundamental

Quando paramos por um momento e examinamos a totalidade de nossa vida – os relacionamentos, as posses, o sucesso e os fracassos, as esperanças e os sonhos – encontramo-nos face a face com uma questão fundamental: não há nada mais? Não há nada mais? É a isso que conduziram bilhões de anos de vida orgânica e milhões de anos de organização social? A conta de luz que vence todo dia dez de cada mês. O aroma do café com leite no Starbucks. Dormimos menos do que gostaríamos. Fazemos ioga na quinta-feira à noite. Temos um livro sobre budismo tibetano ao lado da cama. Possuímos um carro que nos leva e nos traz do trabalho e busca os meninos no jogo de futebol. Temos um relacionamento básico que é: a) imaginado, mas não existe ; b) real, novo, possivelmente emocionante, mas que não foi experimentado e que não é confiável; c) real, confiável, mas pouco interessante; d) ou nenhum desses.

Não há nada mais? Somos realmente a expressão, a culminância de tudo o que aconteceu antes de nós? É isso mesmo?

Quem Sou Eu?

Da mitologia espiritual dos últimos cem anos surge a história de um garoto que em um certo dia estava voltando da escola para casa em sua pequena vila na Índia e que se deparou contemplando o absurdo da existência. Será que a existência é realmente isso? Como poderia ser? Não poderia.

Em sua contemplação, ele foi tomado por um medo esmagador de sua própria morte, a cessação de tudo que ele era e sabia. Estranhamente, ele não fugiu desse medo, mas decidiu experimentar a sua morte.

Ele deitou-se, e vendo o seu corpo através de uma perspectiva mística, perguntou a si mesmo: se o corpo morre, o que permanece? Quem sou eu?

O garoto Ramana Maharshi continuou a contemplar a questão "Quem sou eu" com tanta intensidade que, como conta a lenda, ele constatou que nada era permanente no eu, exceto o vasto silêncio da consciência cósmica. Ele foi canonizado como um grande santo, e construiu-se um santuário para cultuá-lo. Passou o resto da sua vida ensinando pouco mais do que o questionamento sobre a natureza do eu, até a sua morte na metade do século 20.

O que devemos fazer com essa história?

Podemos relacioná-la à sua mitologia (que talvez seja verdadeira, talvez não). Podemos relembrar um grande místico que transcendeu a vida em que vivemos. Podemos trazer inspiração para as nossas práticas espirituais com as suas palavras e a sua figura. Podemos analisar a sua vida e o que ela significou. Podemos encontrar os seus discípulos e aprender com eles. Ou com os discípulos daqueles discípulos. Podemos até mesmo encontrar quatro gerações de discípulos.

Ou podemos desconsiderar toda a mitologia, as linhagens e os ensinamentos e perguntar a mesma questão a nós mesmos. Quem sou eu?

Qual é a natureza desse núcleo central de sentido de identidade? Quem é que observa a realidade? Quem são os que vivem e morrem? O que antecede esse sentido de eu e o que ocorre quando ele cessa? O corpo é o centro do nosso universo? Nós somos o corpo e o seu processo biomecânico? Não há nada mais?

Essas não são questões simplesmente intelectuais. São questões existenciais, questões do nosso próprio ser. Questões que indagam se a totalidade pode ser conhecida por nós. Será que estamos limitados ao mundo que os nossos pensamentos descrevem? Essa pequena realidade de pensamento... será isso?

> *Um monge meio maluco sentou no balcão do restaurante e solicitou sua refeição.*
> *"Você me viu entrar?", perguntou à garçonete.*
> *"Sim, eu vi", ela respondeu.*
> *"Você já tinha me visto antes?", perguntou o monge.*
> *"Não, eu não o tinha visto antes", respondeu a garçonete."*
> *"Então como você sabe que era eu?"*

Procurando Por Pistas

Nós não encontraremos as respostas para essas perguntas na mente, no campo do pensamento, simplesmente porque o campo do pensamento não inclui o que está fora do pensamento – seja lá o que for. Se quisermos saber a respeito da totalidade, precisamos encontrar o que é que pode ser apreendido e dar expressão à totalidade.

Se o que sabemos não é "isso", se há "mais", esse mais não está incluído na realidade que o pensamento pode descrever. Encontramos aqui a nossa primeira pista. Precisamos de mais pistas.

Onde podemos encontrar essas pistas? Não podemos encontrá-las em nossas idéias – elas estão dentro do campo do pensamento. Não podemos encontrá-las nas nossas crenças, nas crenças de nossos pais, ou nas crenças de nossa cultura. Não podemos encontrá-las nos ensinamentos de crenças de outros, seja por meio de uma religião, uma forma de espiritualidade ou de um instrutor espiritual. Todas elas permanecem apenas como construções sociais no mundo conceitual dentro do qual estamos supostamente empacados.

Nossa única pista até aqui é que "isso" não está no mundo conceitual. Como podemos descobrir o que *não* é conceitual, quando parece que os únicos instrumentos que temos para trabalhar são baseados no pensamento?

Será que essa única pista é suficiente para sabermos como proceder? A única coisa que sabemos desse enigma é: o pensamento é somente uma parte do todo, e o todo não pode ser contido numa parte. Será que podemos continuar com essa indagação admitindo que os conceitos não são o todo, e deixando aberta a questão de o que *é* o todo?

Sendo assim, como devemos agir para indagar? Quais são os meios pelos quais podemos perguntar sobre a natureza da vida sem automaticamente fazer uma interpretação dela por meio de alguma idéia, ensinamento, filosofia ou crença?

Nós já começamos. Descartamos o conhecido e reconhecemos a qualidade desconhecida de nossa vida.

Será que já descobrimos os meios e as perspectivas que permitirão essa descoberta?

Nós não sabemos.

Começamos a procurar.

Meditação – O Começo da Compreensão?

Quando estamos nessa procura sem saber nem da totalidade nem de cada parte de nossa vida, descobrimos algo maravilhoso, uma pista poderosa. Para onde quer que olhemos, podemos ver a realidade manifesta do que é.

Esse "o que é" existe de momento a momento, sem passado ou futuro e sem conceitualização ou interpretação. Embora esse "o que é" seja em si um conceito, quando o vemos sem ideação ulterior ele permanece claro, sem o emaranhamento da nossa rede de pensamentos.

Isso é muito encantador e excitante. Nós ficamos tão excitados que começamos a pensar o quanto isso é excitante e para quem contaremos e assim – lá se foi o contemplar sem pensar. Logo estamos vendo e pensando, e então apenas planejando o pensamento. Para onde foi toda aquela claridade?

Nós tínhamos uma pista. Começamos a procurar sem saber. Estava realmente claro e depois se tornou confuso de novo.

Isso parece significar que precisamos de mais do que uma pista. Precisamos de um sistema. Nós precisamos acessar essa claridade. Precisamos acessá-la quando quisermos ou quando necessitarmos. Precisamos praticar. Precisamos meditar.

É isto – meditação. Existem aulas, professores, livros. Isso é tecnologia, e nós gostamos de tecnologia.

Nós assumimos o controle de nós mesmos. Espere um minuto. Precisamos olhar sem saber. O que é essa meditação?

Vamos observá-la – sem saber. É possível indagar a respeito da natureza da própria meditação?

Nós pensamos que a meditação talvez seja algo que faz a nossa mente ficar tranqüila. Será que a meditação cria um tipo de espaço ou consciência para que possamos ver o que existe quando não há nenhum pensamento? Será que a meditação nos faz mais amorosos e felizes? Há meditações secretas, meditações tântricas, meditações antigas, meditações orientais, meditações ocidentais. É um tanto desanimador.

Como funciona a meditação, e quem a está realizando, se a mente se encontra silenciosa? A meditação fará com que mudemos, ou nós apenas saberemos mais sobre os nossos problemas?

Sabemos, supostamente, que a meditação nos ajudará a experimentar o todo, de alguma forma. Mas nós não sabemos como meditar ou como a meditação deve funcionar.

Assim, agora precisamos entender a meditação. Nós temos que olhar para dentro da meditação. Talvez venhamos a descobrir que a meditação é um portal para o todo, o começo da compreensão. Nós não sabemos.

PARTE 2

MEDITANDO SOBRE A MEDITAÇÃO

4

MEDITAÇÃO – O QUE É, O QUE NÃO É, E COMO FICOU DESSE JEITO

O buscador perguntou ao mestre Zen: "Qual é o significado da vida?"
O mestre respondeu: "Silêncio".
O buscador considerou a resposta por um momento e, então, perguntou: "Como eu encontro o silêncio?"
O mestre respondeu: "Pela meditação."
"E o que é a meditação", o buscador perguntou.
E o mestre respondeu: "Silêncio."

NOTÍCIAS, PREVISÕES DO TEMPO E MEDITAÇÃO – TRAZIDAS A VOCÊ PELA COCA-COLA *DIET*

Meditação não é sentar por uma hora com as pernas em posição de lótus e com os joelhos doendo, imaginando quanto tempo durará e quando terminará.

Meditação não é a infindável tagarelice da mente, incapaz de permanecer tranqüila exceto pela força bruta da vontade, pela repetição de um mantra ou fixação de uma imagem.

Meditação não é a oração para uma divindade, a projeção de estados mentais subjetivos para um mundo subjetivo.

Isso é o que nos tem sido ensinado como sendo meditação, mas não é verdade.

Meditação não é o que incontáveis sacerdotes de inúmeras religiões nos ensinaram.

Essa é uma afirmação bastante forte, mas basta olhar para a natureza da mente para entender o quanto fomos enganados até agora.

Nossas mentes se desenvolveram como mecanismos de sobrevivência. Nós sobrevivemos como espécie porque nossas mentes são capazes de antecipar e projetar no futuro próximo e distante. Nós somos capazes de superar o "pensamento" de outros animais, modelando em nosso mundo mental interno a realidade do mundo físico externo. Em nossos dias de caçadores e de recolhedores, podíamos calcular o tempo que gastaríamos para atravessar a vasta savana, os eventos que poderiam ocorrer durante a travessia, as armas que poderíamos precisar, a comida e a água que poderíamos encontrar na floresta distante.

Somando-se ao nosso desempenho relativamente brilhante, desenvolvemos a linguagem que começou a expressar essa capacidade de modelagem. Agora podemos comunicar o nosso modelo interno do mundo externo com alguém mais. Podemos analisar o modelo, concordar com ele, trocá-lo ou lutar contra ele.

Quando a chuva vem, há trovões e relâmpagos.

A linguagem, que primeiramente era uma representação direta de nossa experiência interna do mundo externo, posteriormente se desenvolveu como símbolos e metáforas. Aquilo que antes era uma correlação concreta do mundo, tornou-se abstrato, refletido nas percepções do sentido.

Quando os deuses da chuva estão irritados, a chuva vem, e os deuses criam relâmpagos e trovões.

Com o passar do tempo e com o desenvolvimento da sociedade e das culturas, desviamo-nos coletivamente para o mundo abstrato da linguagem e do pensamento. Vivemos agora num mundo simbólico e metafórico.

As previsões do tempo trazidas hoje pela televisão indicam tempo parcialmente nublado, com uma forte tendência para um excelente final de semana de sol. O radar das previsões astronômicas indica sol e ausência de chuvas, com ventos leves ao sudoeste, máxima de 28 C° e mínima de 20C°. A previsão para os próximos cinco dias é de calor e tempo seco, com chances de chuva somente no fim da semana; sendo assim você pode sair agora e se divertir.

O nosso mundo se tornou confuso com tantas idéias, símbolos, projeções e pressões. O tempo não é mais o que está ocorrendo em nosso ambiente. Agora ele é patrocinado por uma companhia que deseja nos vender algo, por uma mídia que deseja nos convencer de sua própria importância. Nós precisamos processar complexas previsões do tempo pseudo-científicas dos próximos dias e antecipar as nossas necessidades em relação a essas previsões. Acima de tudo, devemos nos divertir antes que seja tarde e comece a chover. E nós nem sequer tomamos o nosso café da manhã ainda.

Esse é o mundo no qual habitamos e onde, pela primeira vez, ouvimos a palavra *meditação*. Nesse mundo confuso, a meditação é um símbolo. Não é real. Nós ouvimos a palavra e a pronunciamos, mas a palavra não representa nada concreto. Ela representa alguma outra coisa.

Meditação Como Metáfora

Se pudermos entender o que representa a meditação, qual o seu significado metafórico, poderemos compreender claramente o que ela é e o que ela não é de fato.

A meditação chega até nós pré-empacotada. Assim como o tempo é patrocinado por uma empresa e por um canal de televisão, a meditação nos é trazida por algo. Quando recebemos as informações do tempo patrocinadas pela Coca-Cola *Diet,* por exemplo, não estamos recebendo somente a previsão do tempo, mas também o comercial do refrigerante. A meditação nos é trazida por uma religião, uma filosofia, uma escola de psicologia. Ou por um instrutor, um intercessor, um tradutor. Ela nos chega em um contexto, com uma projeção do futuro, que é o resultado final da prática da meditação. Ela nos chega com instruções e um resultado.

A meditação simboliza o resultado. Nós praticamos a meditação porque esperamos resultados, e a meditação promete esses resultados.

O Óleo Que nos Faz Derrapar Hoje

A prática da meditação simbólica pode prometer todo tipo de coisas, mas isso é um óleo derrapante.

Se acreditamos que devemos ser pacíficos, encontramos uma meditação que promete bem-aventurança. Essa meditação simboliza o fim da nossa agitação.

Se pensamos que devemos estar conscientes, encontramos uma meditação que promete plena atenção. Projetamos um mundo de sabedoria plena à parte de nossas mentes distraídas.

Se queremos poder, encontramos uma meditação que promete fenômenos psíquicos ou manifestações de nossos desejos. Se queremos fé, encontramos uma meditação que nos assegura a proximidade de Deus.

Isso não é meditação. Esse é o nosso eu, nossa mente, projetando, modelando, sobrevivendo. Nossas mentes têm a capacidade de criar experiências ilimitadas. A meditação pré-empacotada nos dá a experiência que queremos, os resultados que nos foram prometidos. Nós absorveremos tudo isso em nossas mentes cada vez mais sobrecarregadas de coisas.

Nós não nos preocupamos se estamos buscando culturas medievais de quase metade do mundo, quando escolhemos nossa meditação, a mais exótica, a mais estranha, a melhor.

Não nos importa se tivermos de nos prostrar, suplicar e comprometer a nossa própria inteligência. Adoramos usar palavras estrangeiras como se entendêssemos os seus significados esotéricos. Sentimo-nos confortáveis em abandonar nossos próprios rituais e adotar rituais de uma cultura distante, imbuindo essas práticas de um sentido que nunca poderíamos encontrar em nossos lares.

Nós fingimos que não vemos os abusos de poder vindos de nossos instrutores. Estamos, afinal, meditando, e quando terminarmos – e isso pode ser daqui a milhares de vidas – nós teremos o que quer que seja que nos tenha sido prometido. Estamos certos disso. Assim que nos sentamos e meditamos, a dor em nossas pernas e em nossas costas nos assegura que algo maravilhoso está acontecendo.

O Olhar Conhecedor do Estudante Avançado de Meditação

O que, exatamente, está acontecendo quando meditamos?

Nós estamos amedrontados, confusos, e quase que completamente esmagados por nossas vidas. Nós nos rebelamos e começamos a procurar. Encontramo-nos com pessoas que parecem confiáveis e que nos dizem que não temos que ter medo, estar confusos ou abalados. Algumas dessas pessoas de confiança são autoridades religiosas, outras são leigas. Elas ensinam metodologias de meditação. Nós estamos cansados de tentar entender por nós mesmos e, assim, ficamos presos a um método. Agora temos um mapa, uma explanação e talvez até mesmo alguma teologia. Temos um grupo de amigos com os quais dividimos as nossas crenças. Nós podemos descansar.

Uma das coisas que descobrimos sobre a meditação é que é difícil de fazer o que o instrutor ensina. É difícil permanecer sentado tranqüilamente. A mente nunca está quieta. Nós não temos bem certeza de que estamos visualizando corretamente. Esquecemos de repetir o nosso mantra e começamos a pensar sobre as compras do supermercado.

Nós sabemos da realidade das nossas condições, mas também temos uma descrição do que ela deveria ser. Experimentamos essa dupla posição como conflito e pressão. Nós deveríamos ser mais como a descrição e menos o que somos. Nós nos perturbamos com isso. Vemos os outros que são estudantes avançados e que parecem estar vivendo o que é descrito. É impressionante. Nós nos tornamos mais determinados.

Nós queremos ter o estado mental acima descrito, e assim simplesmente o criamos. Introduzimos o nosso eu amedrontado, confuso e oprimido dentro do recesso escuro do nosso ser e assumimos o novo e brilhante mundo da meditação. Agora temos o olhar de quem sabe e podemos descrever experiências cada vez mais profundas. Nós chegamos. Mas onde?

Nós não nos libertamos. Simplesmente criamos um nível simbólico novo, metafórico e confuso em nossas vidas. Nós não mostramos o nosso conflito, mas ele está ali. Sabemos disso porque ele continua nos agitando até as entranhas do nosso ser.

O Estrondoso Silêncio da Desistência

A nossa meditação não nos ajuda. Os nossos rituais não nos ajudam. A linguagem esotérica que adotamos não nos ajuda. Nós tentamos tantos meios para resolver os nossos conflitos, mas sabemos que continuamos em conflito.

Quando toda a desordem é retirada, ficamos com a realidade da nossa mente e do nosso corpo, sem nenhum intérprete, nenhuma ajuda e nenhuma saída. Constatamos que tudo que tentamos foi inútil, e que tudo que estamos tentando entender está fora de alcance.

Na espontaneidade daquele momento, no silêncio estrondoso de nossa mente desistindo, nós experimentamos o primeiro momento de meditação. Começamos a investigar a meditação sem crença, sem uma roupagem cultural, sem ritual.

Descobrimos que a meditação não é algo que tem que ser feito, mas algo que é.

5

Técnicas Para Explorar a Mente

Quem Pensou em Tudo Isso?

A *Meditação* é definida no dicionário como ato de reflexão e contemplação que focaliza os nossos pensamentos ou os projeta na mente, mas, coloquialmente, o termo é usado de maneira muito ampla e descreve tudo, desde as práticas de neoxamanismo até as preces cristãs.

Não importa o contexto, existem amplas e variadas categorias de treinamento de meditação. As técnicas de concentração treinam a mente para se focalizar em um som, uma imagem, uma palavra (mantra), um objeto externo, ou alguma sensação do corpo. Esses métodos acalmam a mente engajando-a em repetição. Aqueles que praticam essas técnicas relatam que os seus efeitos incluem estados de tranqüilidade e estados de expansão de consciência.

As técnicas de meditação que têm o objetivo de aumentar a consciência dão um enfoque diferente sobre a mente. Essas técnicas freqüentemente combinam métodos de concentração com sugestões para aumentar a atenção em relação aos fenômenos corpo/mente e aos estímulos sensoriais. Isso pode significar aquietar o ambiente externo ou diminuir a carga de atividades de forma que haja menos para fazer, como também treinar a mente para prestar atenção, mas não para analisar o que experienciamos.

A meditação e a oração devocional não se referem à reestruturação do relacionamento entre nós e nossas mentes, mas enfocam a nossa relação com uma deidade ou com o cultivo de qualidades de amor, devoção e entrega. Os devotos podem simplesmente adorar ou pedir por intercessão, ajuda ou curas. Todas as religiões do mundo têm rituais relacionados com a sua deidade e a sua teologia, e práticas direcionadas para criar o estado mental apropriado para seus devotos.

Cada um desses tipos de meditação – de concentração, de consciência e de devoção – tem uma estrutura de ideologia para sustentá-los, instruções, práticas e resultados esperados. Dentro da limitação do tipo de técnica, as meditações freqüentemente funcionam da seguinte forma: a meditação de atenção tende a focalizar a mente; a meditação de atenção tende a aumentar a atenção; as práticas de devoção criam sentimentos de amor. Cada tipo de meditação produz os seus resultados. Mas sempre trazem condicionamentos nos resultados e também efeitos colaterais.

É bom lembrar, uma vez que viajamos no vasto universo da meditação e em tudo que ela pode nos revelar, que estamos freqüentemente caminhando em terreno bastante palmilhado. Podemos perder a nossa perspectiva e esquecer esse fato. Podemos utilizar a descrição de uma outra pessoa para nossa experiência. Podemos confundir o nosso potencial em relação à nossa realidade atual.

Esse problema é exacerbado não somente pelo romantismo da literatura espiritual e da mitologia de instrutores falecidos há muito tempo, mas particularmente por instrutores vivos que se sentem felizes em nos guiar com base nas suas experiências e nos seus objetivos – e freqüentemente para seus objetivos e benefícios. Nós podemos seguir essa jornada interna e concebê-la como se fosse nossa. A mente humana adora seguir, especialmente quando será recompensada por sua sujeição ao poder, à certeza ou à segurança.

Se estamos interessados em uma vida de descoberta e se estamos interessados na meditação como uma expressão daquela vida, então a experiência de uma outra pessoa, não importa o quanto fantástica seja, é útil somente como uma referência de transição para a nossa própria experiência. Como co-exploradores do universo, podemos comparar notas, checar espécimes e amostras que coletamos e examinar os mapas e diários que reunimos.

Mas olhar para o mapa não é o mesmo que atravessar o rio. Examinar um espécime não é o mesmo que observar essa forma de vida em seu hábitat. Ouvir as experiências de aventura de outros exploradores e até mesmo acreditar nelas não é o mesmo que ter as nossas próprias experiências.

Nós temos a nossa própria aventura para empreender.

Então quando lemos ou ouvimos qualquer descrição de meditação ou de experiência espiritual, a primeira coisa que precisamos entender é que temos de encontrar o que é verdadeiro através da nossa percepção direta.

Às vezes um ensinamento espiritual não é nem mesmo a experiência do instrutor, mas de um outro ou mesmo de um livro que o instrutor encontrou casualmente. O instrutor usou esse conhecimento de segunda mão para substituir a sua própria experiência e começou a ensiná-lo. Esse ensinamento pode referir-se a infindáveis correntes de plágio espiritual, sem que ninguém saiba realmente quem ensinou tudo aquilo. O ensinamento prossegue como se viesse da experiência do instrutor, mas, de fato, essas experiências são imaginárias.

A mente pode criar uma realidade virtual quase indistinguível da realidade. Como estudantes de um tal instrutor, nós somente podemos aprender uma realidade virtual. Se o que estamos procurando é a realidade, estamos profundamente perdidos.

As Roupagens Culturais dos Ensinamentos Espirituais

Um estudante espiritualista tem a tendência a aceitar inconscientemente as roupagens culturais que a maioria dos ensinamentos espirituais trazem. Existem muito poucos instrutores que compreenderam plenamente esses efeitos culturais neles mesmos. As suas personalidades e expressões são determinadas culturalmente. A sua espiritualidade está ligada a um contexto e é lugar comum em sua própria sociedade, enquanto que para nós ela é exótica e tremendamente mais interessante que a nossa herança espiritual ou religiosa.

A questão aqui não é pelo fato de ser exótica. O problema é que nós inconscientemente assumimos o paradigma cultural do instrutor com suas incoerências quando aceitamos os ensinamentos. De repente estamos utilizando uma outra linguagem, uma outra dieta, uma outra maneira de vestir e interagir. Estamos observando feriados que não têm nenhum significado histórico para nós, aceitando deidades que não têm qualidades inerentes a nós, adotando nomes que são muitas vezes absolutamente absurdos e aceitando comportamentos em nossa cultura recentemente adotada que nós jamais empregaríamos antes. Nós não temos nenhuma idéia sobre o motivo pelo qual estamos fazendo isso e até mesmo sobre *o que* estamos fazendo. Ou sabemos o que estamos fazendo, mas decidimos ver de outra forma?

Nós substituímos uma série de condicionamentos sociais por outros. Trocamos uma série de amigos por outros. Não estamos assimilando um ensinamento espiritual. Estamos assimilando modificações comportamentais.

Se um ensinamento não está livre de suas próprias roupagens culturais, como pode dar expressão à liberdade, ao universal?

A Limitação dos Sistemas de Meditação

A tecnologia da meditação, em si mesma, é um aspecto tremendamente importante e maravilhoso do nosso conhecimento coletivo. Essa informação de como acessar e modificar áreas da nossa mente tem sido desenvolvida e refinada por milhares de anos e incontáveis horas de exploração e experimentação internas.

As técnicas de meditação podem nos colocar em contato com partes de nossa realidade e podem aumentar o nosso sentido de estabilidade, espaço e concentração. Essas técnicas podem mudar o modo de funcionamento de nossos corpos e podem aumentar a nossa saúde e vitalidade. Podem trazer ordem e sentido para as nossas vidas.

Isso já é alguma coisa. Mas não é o suficiente.

As técnicas de meditação não podem conduzir-nos além de nós mesmos, além da identidade autocentrada que distorce os benefícios que resultam de nossas práticas. Um "eu" melhor, mais ampliado, mais consciente e concentrado continua sendo uma entidade que existe para si mesma e por si mesma. Um "eu" melhor continua existindo em isolamento, divisão e conflito.

O centro dessa questão não pode ser alcançado ou resolvido por meio de técnicas de meditação, que, no final, estão sendo praticadas em seu próprio centro, pelo "eu".

Nós não podemos fazer absolutamente nada com relação a esse "eu". Não fazer nada não é uma técnica. Não pode ser ensinado ou aprendido. Não pode ser praticado. A desesperança paradoxal desse "eu", constatando a sua própria natureza, nos deixa sem uma opção, sem uma resposta, sem um método. Essa quietude, sem a possibilidade de ação, sem a esperança de redenção, é a constatação espontânea da verdade da vida.

Nós não podemos fazer com que isso aconteça. Não podemos nos preparar para isso. Não podemos aprender isso.

Não há necessidade de nenhuma meditação, nenhuma interpretação. Nós já estamos lá, todo o tempo, sem esforço.

Nenhuma técnica de meditação irá ajudar, não importa quão poderosa ela seja, não importa o quanto sejamos diligentes em nossas práticas. A questão é: quanto de ajuda precisamos para chegar aonde estamos?

Desde onde estamos, do silêncio do momento, podemos utilizar as técnicas de meditação. Agora não estamos tentando chegar a algum lugar. Não estamos tentando nos tornar melhores. Não estamos buscando o poder.

Podemos utilizar as técnicas de meditação como instrumentos de investigação, como meios para investigar as estruturas do nosso universo. As técnicas têm as suas utilidades como também as suas limitações.

Explorando a Mente

Para utilizar as técnicas da meditação como instrumentos de investigação, mais do que rituais religiosos ou sistemas de crenças, é preciso humildade.

Estamos fascinados pela idéia de compreender. Estamos certos de que o conhecimento que acumulamos durante uma vida de aprendizado é muito, muito importante.

Não é.

É muito, muito importante no sentido da percepção direta. O que nós já sabemos é estático, mas a vida que procuramos entender não é.

A arrogância do conhecimento é a primeira coisa que deve ser sacrificada. Por isso, recebemos nada em troca. De fato, o nada é uma grande dádiva. A humildade pode ter lugar em nós, mas por certo não podemos nunca realmente saber que somos humildes, porque então nos tornaríamos na verdade orgulhosos de nossa proeza.

Oliver Wendell Holmes sugeriu que a humildade era a primeira das virtudes – mas para as outras pessoas, pois para nós, certamente, é um lugar muito desprotegido e incerto. A humildade não se coloca em uma posição particular com relação ao mundo ao nosso redor, ela é o silêncio da crítica interior, a entrega ao movimento da vida sem interpretação.

Sem humildade, a utilização das técnicas de meditação somente trará acumulação de mais informação. Nós podemos saber mais sobre as nossas mentes, sobre a realidade na qual existimos e sobre os efeitos de certas práticas, mas a nossa vida nunca será transformada quando tudo o que estamos fazendo é acumular mais experiências.

Que tal, se por outro lado, nos tornássemos exploradores de um novo mundo? Então, ao abordar a nossa mente, o nosso corpo, a nossa energia e as interações com o mundo ao nosso redor, a meditação torna-se um instrumento novo e útil. Nós não estaremos meditando com expectativa ou por um resultado, mas estaremos completamente abertos para a realidade daquilo que tocamos, sem dúvida.

O que tocamos é nós mesmos. O que experimentamos é o experimentador. Nós somos o mundo que estamos investigando, a meditação que estamos meditando.

Na fábula dos homens cegos e do elefante, cada homem segurava uma parte do elefante e podia descrever com notável certeza o que experimentava. O homem que segurava a cauda descreveu o elefante tal qual uma cobra. O outro, que segurava a perna, descreveu o elefante como um animal ereto e alto tal qual uma árvore. O homem que tocou a tromba sentiu a força de algo gigantesco e poderoso. Nenhum deles pôde ver a totalidade, e cada qual estava convencido de que aquilo que havia experimentado era o todo.

Todas as formas de meditação podem nos dar um vislumbre dos aspectos do nosso mundo, mas nenhuma técnica nos ajudará a ver a totalidade. Isso ocorre porque a mente, o experimentador, é cego para ele mesmo. O experimentador, o sentido central de "eu" divide o todo em aspectos e está certo que aquele aspecto é o todo.

A meditação pode nos dizer muito a respeito da cauda, da perna ou da tromba do elefante. Essa informação pode ser útil, mas somente a humildade pode lembrar-nos de que somos cegos e de que o elefante como um todo nunca estará ao nosso alcance.

6

Meditação de Concentração – o Espantalho Vai Até o Feiticeiro Para Conseguir um Cérebro

O Vidente e o Iogue

O vidente chegou à margem do rio onde um iogue vinha praticando os seus poderes ocultos de concentração por muitas décadas.

"O que você conseguiu realizar?", perguntou o vidente.

O iogue respondeu: "Eu consegui um grande poder. Após muitos anos repetindo o meu mantra secreto e praticando muitas austeridades, eu agora posso caminhar sobre as águas."

O iogue demonstrou a sua capacidade maravilhosa ao cruzar o rio, colocando um pé após o outro sobre a superfície das águas.

"Ah, os seus anos de esforço valem somente uma rupia", disse o vidente.

" O que você quer dizer com isso?", exclamou o iogue.

Em resposta, o vidente disse: " Você está vendo o barqueiro? Ele pode me levar ao outro lado do rio por apenas uma rupia."

A mitologia espiritual relata que as técnicas de concentração podem nos dar grandes poderes de clarividência, de habilidade para voar, de levitação ou desmaterialização. Isso é muito excitante, e todos nós deveríamos estar muito interessados nessas possibilidades.

Mas esses potenciais são principalmente produto da literatura do romantismo espiritual, de truques mágicos inescrupulosos, da psicologia de histeria de massa, do *marketing* espiritual e dos boatos. Não há praticamente nada documentado e objetivamente verificado que demonstre convincentemente tais poderes. Há, no entanto, inúmeras histórias de observações pessoais e experiências com tais capacidades extraordinárias. Subjetivamente alguém pode experimentar esses fenômenos como reais.

Vamos até mesmo considerar por um momento que as técnicas de meditação de fato nos permitem acessar de outro modo as potencialidades humanas latentes. A questão permanece. Será que esses poderes estão relacionados de alguma forma com as questões fundamentais que precisam ser resolvidas em nossa vida? Os poderes mágicos não produzem felicidade, serenidade ou descanso. Freqüentemente o surgimento dessas capacidades – imaginárias ou não – é simplesmente uma distração do nosso questionamento básico e mais uma aquisição de um ego ainda faminto.

A natureza desses poderes mentais é subjetiva. Esses poderes estão no campo do pensamento, que se encontra dentro da realidade ou do que se conhece. Eles não podem nos tirar deste mundo limitado e pessoal, ainda que essas habilidades possam nos dar uma medida de controle dentro desse mundo relativo.

Se o controle ou a manipulação da realidade é o que estamos buscando, esse é um caminho para isso. É um caminho longo, e no final talvez possamos constatar que aquilo que descobrimos vale apenas uma rúpia.

Medo e Aversão no Caminho Espiritual

Assim que entramos no caminho do poder, há algo que podemos descobrir rapidamente, algo que requer pouco esforço e é absolutamente valioso. É a natureza da nossa motivação. Qual é a razão do nosso impulso para controlar o nosso ambiente? Por que procuramos a segurança, a certeza de um mundo que criamos e controlamos, se não podemos ter relacionamento com nada a não ser as nossas próprias mentes?

Essa questão básica sobre nós mesmos e sobre a expressão de nossas vidas nunca poderá ser acessada pela concentração da mente, pela manipulação de estados relativos de consciência ou pelo poder que resulta de uma mente autocentrada. A questão não é simplesmente acessada por essas técnicas de meditação de treinamento da mente e pelos ensinamentos que as envolvem.

A nossa ânsia por poder e domínio vem do profundo medo que freqüentemente experimentamos em nossas vidas. Esse medo é uma falta de segurança e é o centro de nossos instintos de sobrevivência. O medo é o alerta constante em relação ao perigo potencial. É da natureza animal. No mundo natural, o medo tem uma base biológica. No ser humano, ele se tornou conceitual, habitual. O medo se tornou o cenário de fundo subliminar para a maior parte da nossa vida e da nossa sociedade. O medo atua sem moralidade, ele é cruelmente competitivo e não tem relacionamento algum com nada.

Nós somos impulsionados pelo medo, mas raramente nos damos conta disso. Em nossa busca por poder e controle, é o medo que tem poder e que nos controla. Nós temos medo, e temos aversão ao nosso medo.

Sem medo, não temos necessidade alguma de poder.

Mas nós de fato temos medo, e, uma vez que o temos, buscamos qualquer coisa que dê segurança. Praticamos a meditação de concentração, porque nos disseram que ela acalmará a nossa mente e nos ajudará a controlar o nosso mundo. Recebemos um mantra – às vezes é um mantra secreto – que tem supostamente poderes especiais. Então repetimos diligentemente o mantra, esperando ajustar o nosso mundo e encontrar a paz.

Acreditamos que encontraremos segurança, mas será que a encontraremos? Será que uma mente coagida a um estado focalizado realmente pode aquietar-se? O que aconteceu com a nossa confusão, o nosso conflito, o nosso caos mental no processo da concentração?

Os conflitos em nossa vida não desapareceram. Nós focalizamos a nossa mente, e provavelmente até aprendemos a controlar certos níveis dela. Mas nesse processo nos tornamos embotados. Destruímos a receptividade de um de nossos sentidos. A mente é a nossa janela para a realidade. Sem ela, não podemos nem agir nem perceber o mundo ao nosso redor.

As nossas relações ainda permanecem confusas. As nossas finanças ainda permanecem instáveis. A nossa saúde continua sendo um desafio. E permanecemos sem ter uma chave para as nossas vidas.

Nós realmente temos uma mente muito centralizada e talvez até tenhamos tido algumas experiências internas interessantes. Podem até mesmo ter ocorrido mudanças fisiológicas em nosso cérebro e em sua química. Podemos nos sentir diferentes de como nos sentíamos antes.

Mas, a menos que nos afastemos da prática da meditação, ou que a integremos com o resto da nossa vida, estaremos impedidos de prosseguir. Nós não estamos melhor e imobilizados, nós estamos pior e imobilizados.

Aqueles que escolheram a meditação de concentração para aliviar a sua dor psicológica encontraram um sedativo. O sedativo funciona, mas com ele vêm a nebulosidade, o torpor e a perda do contato.

O sedativo funciona igualmente para aqueles que escolhem a meditação de concentração não apenas para aliviar a dor, mas para compreender a própria natureza da dor. A meditação sedativa também nos diz muito sobre a natureza da mente. É hora de mover-se e penetrar mais profundamente nessa natureza.

O valor da meditação de concentração é que ela nos dá um pouco mais de espaço em nosso mundo mental, alguma direção de pensamento e alívio temporário do estresse e da tensão. Há uma resposta bem definida da mente e do corpo no sentido de simplificar a nossa atividade mental. Vale a pena fazer essa investigação, e isso pode permitir-nos acessar áreas desconhecidas do nosso ser.

Mas não façamos disso um hábito.

A natureza da mente é de tal modo que se torna dependente da concentração e fica incapaz de integrar o movimento de sentimento, pensamento e percepção. O fluxo de pensamento torna-se uma antítese do conceito de paz. A atividade do mundo torna-se uma ameaça. Os relacionamentos podem tornar-se uma perturbação.

A mente, antes habituada à atividade, agora se habitua ao embotamento de um enfoque singular. O praticante não caminha mais pela rua, mas caminha repetindo um mantra. O mundo do praticante é visto através do mantra. O seu mundo torna-se o mantra e não pode existir sem esse mantra.

Quando nos afastamos desse mundo e fazemos isso sem levar conosco o nosso mantra, imergimos no caos novamente, mas é um caos refrescante, vital. Não é algo morto nem enfadonho, distanciado de uma técnica mental que se destina a não nos fazer sentir coisa alguma.

A nossa vida volta para trás, cheia de conflitos e dificuldades. Mas estamos presentes e em contato com ela.

Concentração Maníaca e *Samadhi*

Anos atrás existia um sistema de meditação ensinado por um instrutor maníaco que insistia que a concentração da mente é a chave para o universo. Os seus estudantes deviam sentar com absoluta atenção durante as suas sessões de meditação, porque ele caminhava ao redor deles com címbalos orquestrais, batendo-os estrondosamente atrás de suas cabeças, caso eles se curvassem ou estivessem perdendo a concentração. Ele gritava: "Concentrem-se, concentrem-se! São necessários somente uns poucos segundos de concentração para a mente entrar em *samadhi!*"

Samadhi é o estado de fusão com o cosmo descrito em todos os livros românticos da espiritualidade indiana, de forma que os alunos se esforçavam para alcançá-lo, no meio dos gritos e das batidas do címbalo de seu instrutor, que faziam realmente uma barulho enervante.

Mas era como tentar pegar um sabonete molhado. Quanto mais os estudantes tentavam, mais as suas mentes pareciam escapar do controle de suas consciências. É difícil descrever a força de címbalos batendo no sistema nervoso central que tenha atingido algum nível relativo de repouso.

Não há evidência de que alguém alguma vez tenha alcançado o *samadhi* com esse instrutor, embora ele fosse realmente um indivíduo carismático, com sua concentração e seu fervor desvairado. Mais tarde ele morreu de ataque cardíaco.

Exercícios Simples de Meditação de Concentração

A meditação de concentração é fácil de ser experimentada como uma negação, ou seja, é fácil perceber o quanto as nossas mentes são desconcentradas. Sente-se, feche os seus olhos e preste atenção em alguma coisa – visualize um diamante amarelo, o som místico *Om,* enquanto o recita muitas vezes, ou o ar enquanto ele entra e sai pelas suas narinas. Você pode sentar-se numa cadeira, sentar-se na posição de ioga ou deitar-se em sua cama. Concentre a sua mente em quaisquer dessas coisas e veja como ela vai para todas as direções, menos para aquela que você deseja que ela vá. A meditação de concentração é simples se você quer experimentar a realidade da sua mente como ela é, não como você desejaria que ela fosse. Tentar concentrar a sua mente é um maravilhoso começo para constatar a sua natureza volátil.

Mas a meditação de concentração não diz respeito à realidade, diz respeito à concentração. Ela tenta treinar a mente para permanecer quieta e concentrada em um objeto. Para isso é necessário um grande esforço, paciência e um pouco de brutalidade.

Tente a meditação de concentração novamente, mas desta vez esqueça para onde a sua mente vai quando tenta se concentrar. Apenas a traga novamente para o objeto de concentração – o diamante, o som, a respiração, ou o que quer que você esteja utilizando.

Faça isso por quinze minutos. É muito difícil. Diamante. Diamante. Sonhos. Ruídos. Diamante. Diamante. Contas para serem pagas. E o jantar? Sonhos. Diamante. Diamante. E assim por diante.

Qual seria o ponto a considerar? Supõe-se que seja o seguinte: depois de você ter treinado a sua mente apenas para ver um diamante, e quando nada mais estiver ocorrendo, então o seu estado de consciência está alterado.

Através da concentração, podemos nos esforçar para atingir um estado inalcançável no qual podemos chegar pelo cansaço e por meio de métodos que nos são descritos por alguém que diz ter lá chegado. Uma vez lá, nós seremos diferentes. Uma vez que somos diferentes, podemos ser os instrutores, motivando outros para que sigam a mesma provação.

Nós podemos ser aquele que supostamente chegou lá, seja lá onde for. Enquanto isso, permanecemos sentados, com os pensamentos vagando, do mesmo modo que lutamos para concentrar uma mente que não tem intenção alguma de aquietar-se.

A maioria de nós nunca experimentou concentrar as suas mentes de uma forma singular, e nunca o fará.

Efeitos Colaterais da Meditação de Concentração – Não Tente Essa Meditação em Casa

Se somos persistentes com a nossa mente, podemos lutar contra ela, tornando-a relativamente submissa. Podemos nos concentrar em um único objeto, pensamento, som, ou qualquer outra coisa. Os efeitos colaterais podem ser agradáveis ou desagradáveis.

No final, uma vez que tenhamos passado pela luta e açoitado as nossas mentes até a submissão, o corpo tende a relaxar. Isso é muito agradável, e a maioria dos que estão iniciando na meditação simplesmente caem adormecidos nesse ponto. Não há nada de errado em tirar um pequeno cochilo, exceto que não é muito espiritual, certamente. Perdemos aquela pouca concentração que conseguimos acumular e estamos agora rodopiando na terra da fantasia.

Finalmente aprendemos a nos concentrar, relaxar e não adormecer. Isso é ainda mais agradável, e, por conseqüência, geralmente somos atraídos por toda a experiência. Algumas vezes nós emergimos dessa experiência com a constatação de que não estivemos adormecidos, e que não perdemos a nossa concentração, mas que perdemos algo da consciência da experiência como um todo. Afundamos numa terra de ninguém, de torpor inconsciente. A mente está concentrada, o corpo acordado, mas não há ninguém em casa.

Esse é um estado interessante, de fato, mas, de novo, não é espiritualmente válido, e o problema é que nós não podemos realmente descrevê-lo para os nossos amigos, porque estamos completamente entorpecidos. Mas pelo menos nós não começamos a roncar. Nada é mais deplorável em uma meditação de grupo do que alguém que começa a dormir e a roncar.

Esse ponto é até onde pode chegar uma pessoa que está meditando durante uma hora ou duas ao dia. A maioria de nós terá de ir a um retiro e sentar por longos períodos de tempo, sem distração, para alcançar um bom resultado.

Além do Torpor e Avançando para as Boas Coisas

Verdadeiros buscadores ultrapassarão a letargia em suas meditações e finalmente irão concentrar-se, ficarão acordados e permanecerão conscientes. Isso pode levar vinte anos de prática, ou longos períodos de retiro, mas nós estamos nos divertindo e desfrutando de muitas sonecas no caminho. Agora nós estamos em um lugar muito sublime e, de fato, um lugar muito interessante. Infelizmente, em geral não é um lugar muito agradável.

Nesse processo, todo esse adormecer teve o propósito de evitar o que acontece quando concentramos as nossas mentes e não dormimos. Freqüentemente todo o lixo psíquico que vimos acumulando em nossas mentes e corpos começa a emergir neste ponto, sem ser solicitado, sem que queiramos ou sem que possamos detê-lo. A torneira foi aberta e começam a transbordar todas as coisas. Isso geralmente é desagradável e considerado por muitos como algo amedrontador.

A mente pode projetar luzes, sons, visões, monstros, deuses, deusas, premonições; dá-se um nome a elas e lá estarão, em algum lugar. E se não temos uma visão ou experiência própria, as nossas mentes podem captá-las do inconsciente coletivo. De repente estamos acessando vidas passadas, vidas futuras, vidas de outras pessoas, idiomas que nunca aprendemos, lugares dos quais nunca ouvimos falar, planetas, infernos, céus etc.... O que significa tudo isso? Algumas vezes acontecem manifestações físicas tais como contração do corpo, inchaço, marcas, calor, frio, sensação de pressão e assim por diante. Podem haver manifestações de várias doenças, níveis variáveis de energia e de fadiga, perda ou aumento do apetite sexual e distúrbios do sono (por isso é que ficamos felizes quando conseguimos cochilar algumas vezes).

Os poucos praticantes que realmente chegam a esse tipo de experiência (e não apenas leram ou falaram a respeito) irão em sua maioria ficar imobilizados aqui. Eles poderão sentir repulsa por tudo isso e decidir que é realmente um bom momento para voltar à escola e cursar um mestrado em assistência social e de fato fazer alguma coisa que realmente valha a pena em suas vidas. Outros praticantes da meditação serão atraídos por todos os tipos de frenesis e blablabás e gastarão o resto de suas vidas criando e vendo o espetáculo e, certamente, falando para qualquer um que queira ouvir a respeito disso. Algumas pessoas não conseguirão integrar esses tipos de experiência. Elas irão se desestabilizar e terminarão por procurar ajuda psicológica para resgatar novamente o seu mundo anterior.

A literatura espiritual está repleta de descrições sobre o que são todas essas coisas e o que fazer com isso. Arriscando um comentário adicional a um tema já tão discutido, a sugestão aqui seria não fazer nada a respeito disso. É interessante, mas a televisão também é. O valor intrínseco é equivalente ao da televisão.

Sem agir ou reagir ao material da psique, qualquer que seja a sua aparência, nós podemos observá-lo ativamente e ao mesmo tempo libertar-nos de seus engodos. Desse modo, chegamos a compreender alguma coisa da natureza do nosso mundo, mas não ficamos perdidos nele. Essa qualidade permitirá que nos observemos por meio desse processo. Então as coisas começarão a ficar um pouco mais calmas.

Depois de alguns momentos, dias, anos ou décadas, as manifestações assentam, a mente e o corpo tornam-se calmos, e é um pouco difícil explicar o porquê, mas, geralmente, nesse ponto, não há nada mais atraente do que um bom cochilo. Esse é um cochilo muito espiritual. É até permitido roncar.

O Que É Tudo Isso, Então?

Isso que surge em nossa mente quando estamos fazendo uma meditação prolongada pode ser de fato excitante. É tudo que algum dia imaginamos que a vida espiritual pudesse ser. De fato é realmente tudo que imaginamos. É imaginação. É o pensamento gerando mais formas para si mesmo.

Essas costuras de pensamentos são fascinantes. Pode-se levar uma vida inteira para estudá-las. Para aqueles que têm dedicado uma grande parte de suas vidas a experimentar esses tipos de fenômenos há algum consolo nessa fascinação. Há algo gratificante em verificar que existem formas de pensamento que são mais interessantes do que os pensamentos mundanos com os quais ocupamos as nossas vidas.

Entender todas essas trocas de pensamento requer habilidade. Chegar a esse nível profundo de experiência é uma conquista. Ser uma pessoa capaz de fazer isso é altamente incomum. Mas a verdade última não se encontra nesse reino; aqui somente reside a verdade relativa. Aqueles poucos indivíduos incomuns que alcançam essa habilidade e não compreendem as limitações da mesma ficam paralisados. Eles não podem encontrar a liberdade, não podem encontrar o amor, não podem encontrar o descanso.

Aqueles que encontram esse mundo sublime de maravilhas e ficam presos lá, geralmente terminam como instrutores espirituais. Eles nos ensinam como encontrar nosso caminho para a Terra da Fantasia. Eles podem nos mostrar o caminho para lá, mas não podem nos mostrar a saída.

7

Meditação de Atenção – Fique Atento, Isso É Importante

O Lado Bom da Concentração

A concentração é um instrumento mental útil. E pode auxiliar como um meio para relaxar o corpo e trazer certa ordem às nossas mentes. Em combinação com a meditação de consciência, é um potente veículo para investigar a psique. É de grande valor para as nossas funções diárias como um meio de focalizar a nossa energia em uma direção ou em um projeto específico.

A concentração é um bom instrumento, mas como todos os instrumentos, é boa para algumas tarefas e não para outras.

A concentração não nos fará nenhum bem se não estivermos conscientes daquilo no qual estamos nos concentrando, ou se não soubermos que estamos concentrados. A atenção é um componente muito importante na busca da iluminação. Sem isso nós não nos aperceberemos de nossa realização, e então que bem a realização poderia nos fazer?

Sem a atenção, Jesus teria sido um carpinteiro medíocre com muitos *band-aids* em suas mãos. Buda teria sucumbido às tentações durante a sua última e longa meditação em *Bodh Gaya* e teria se tornado apenas um outro *sadhu* vagante, ainda que com muitos poderes interessantes. Sem a atenção, não há santos, profetas ou fundadores de religiões.

A Atenção Está na Moda

A atenção está muito em moda e torna-se difícil questionar a sua importância. Existem aulas para aprender a estar atento, exercícios para atenção, e até mesmo vitaminas e ervas que são sugeridos como estimulantes para a atenção.

A palavra atenção é muito difundida nos círculos espirituais. Todos pensam que deveriam tê-la. A maioria deseja muito mais atenção do que realmente tem. Alguns a perdem periodicamente, mas a encontram de novo. Todo mundo conhece alguém que a perdeu permanentemente. Poucos proclamam tê-la encontrado permanentemente, e esses em geral ensinam outras pessoas como consegui-la. Aqueles que se tornaram estudantes da atenção são pessoas que não a têm, ou que a perderam, que ouviram a seu respeito e a querem, ou que estão apenas aborrecidos e perambulando no espetáculo.

A atenção é uma parte tão importante da cena espiritual que nós a perdemos. Esquecemos que atenção é uma palavra, que se tornou um jargão, chegando a simbolizar mais o nosso sentido de carência do que um estado de consciência. Nós não vamos para uma aula de atenção para encontrar atenção. Nós vamos porque estamos atentos. E estamos atentos ao fato de que somos infelizes.

Não é que nossas vidas sejam um desastre. Nós não somos do tipo que reclama que suas vidas estão fragmentadas, sofridas, sem sentido, mas, ironicamente, dizemos que nossas vidas são demasiado curtas. Algumas pessoas têm dificuldades em seus casamentos, outras estão doentes, e os médicos dos convênios dizem que elas não devem se preocupar, mas não as mandam para um especialista que possa ajudá-las. Essas pessoas têm cartões de crédito estourados. Eles não toleram lactose.

Muitos de nós não são assim.

Nós apenas não estamos satisfeitos com as nossas vidas.

Mas a infelicidade não está mais na moda. Ela foi experimentada. Não teve uma boa procura. O Prozac entra em ação, e a depressão vai embora. As pessoas deprimidas não produzem tanto ou tão rápido quanto as outras. As perdas nos negócios provocadas pela depressão custam bilhões de dólares a cada ano. Estar com pessoas deprimidas por perto é um empecilho.

O Café Starbucks começou a prestar atenção a essa loucura pela atenção. Eles começaram a vender atenção por meio da xícara aos moradores deprimidos e melancólicos da cidade de Seattle, e isso tornou-se um tamanho sucesso que até mesmo Wall Street prestou atenção. Seattle acordou. A música *grunge* perdeu força. A infelicidade desesperada desvaneceu-se. O Café Starbucks tornou-se publicamente conhecido. E prestar atenção tornou-se uma indústria em crescimento.

As empresas de *marketing* buscam a atenção. Qual a marca que surge primeiro na mente? Que associação ocorre com essa marca, e como ela se relaciona com o objetivo desse segmento de *marketing?* Quantas pessoas estão prestando atenção aos anúncios durante um jogo de futebol e quantas correm ao banheiro?

A atenção tornou-se um grande negócio. E a atenção também é muito considerada no mundo espiritual. Centros de aprendizado para a atenção estão surgindo por todos os Estados Unidos da América.

Tanto nas tradições da meditação budista quanto da ioga, a meditação de concentração é uma prática inicial que ao final permite ao praticante acalmar-se suficientemente de forma que possa estar atento ao que está acontecendo. Esses sistemas de meditação oriental têm muitas descrições detalhadas de técnicas para desenvolver a atenção, e todas elas requerem uma certa quantidade de concentração da mente.

A meditação de atenção, baseada nesses sistemas orientais, é uma das práticas que mais cresce no ocidente devido em parte à sua simplicidade e em parte ao fato de que o praticante obtém resultados rápidos, mesmo que os resultados sejam negativos. A meditação de atenção é simples. Não requer outra coisa que não seja sentar-se por um tempo interminável e prestar atenção. Ela ensina exercícios simples que inevitavelmente mostram o quanto somos desatentos. Os resultados são "negativos", mas são instantâneos.

No início, ensina-se os estudantes a desenvolverem a concentração, geralmente por meio da atenção à respiração. Alguns instrutores então orientam aquele que está meditando a começar a cultivar a atenção, notando o que está ocorrendo em cada momento, sem avaliar, sem identificar-se ou desidentificar-se com o que está ocorrendo. Isso acontece mais ou menos desta forma: respiração, sensação nas narinas, coceira, aversão à coceira, o pensamento surge ao acaso, o pensamento passa, dor no joelho, pensamento a respeito do almoço, dor nos ombros e assim por diante.

O processo de prestar atenção torna-se mais refinado, e o praticante começa a observar as suas intenções ao agir. Em alguns sistemas, o praticante diminui o processo físico de atividade diária, vivendo em câmara lenta, de forma que o detalhe daquela atividade possa ser observado. Finalmente o processo de prestar atenção desaparece, e aquele que medita torna-se consciente do fenômeno corpo/mente sem verbalização interna. Isso qualifica-se como um fluxo de consciência de vários pensamentos, sentimentos e sensações momento a momento.

Isso é precisamente o começo da meditação de atenção.

Primeira Etapa – Exercícios Para a Atenção

1. Escolha uma posição confortável, sentado em uma cadeira com espaldar reto, ou na posição de lótus, sentado numa almofada. Feche os seus olhos e preste atenção ao ar entrando e saindo de suas narinas. Não se mova durante essa meditação. Comece a prestar atenção a tudo que acontece: pensamentos, emoções, sensações físicas e sons externos. Apenas preste atenção a eles. Não necessariamente os interprete. Você não precisa avaliar o bom e o ruim, a dor e o prazer. Mas se você começar a avaliar, preste atenção nisso. Depois traga a sua atenção de volta para a respiração. Faça isso durante trinta minutos.

2. Sente-se confortavelmente como antes. Preste atenção à sua respiração até que a sua mente se concentre. Agora coloque a sua atenção nos dedos de seus pés e mova a sua atenção bem devagar, ponto por ponto, por todo o seu corpo, trabalhando a partir dos dedos dos pés até o topo da sua cabeça, ou se não puder chegar ao topo da cabeça, poderá chegar até uma perna, quando estiver meditando. Observe qualquer coisa da qual você se tornou consciente durante esse processo. Faça isso durante trinta minutos.

3. Uma vez que você possa, pratique cada um dos exercícios descritos acima durante uma hora.

4. Sente-se durante uma hora. Preste atenção. Não observe. Não preste atenção específica à respiração. Não avalie particularmente o que você está experimentando. Apenas preste atenção.

SERÁ QUE AINDA ESTAMOS ATENTOS?

Retiros com longas meditações podem trazer uma grande concentração, uma consciência profunda e um amplo silêncio mental. Nessa atmosfera purificada muitas vezes surge uma grande compreensão.

Então é tempo de sair. O mundo real, a vida do praticante em retiro corre, e como que bate na porta daquele estado de compreensão em que o aspirante estava absorto.

Muitos praticantes da meditação de atenção adaptam-se a esse massacre da realidade, adotando uma linguagem e uma atitude que os distancia de seus sentimentos. Esses pensamentos e sentimentos são todos vazios. Todos os fenômenos são impermanentes. A vida é sofrimento. Esses são os truísmos extraídos das tradições meditativas orientais. Eles parecem bons. Têm uma certa lógica interna e todo um conjunto de filosofia que o sustenta. E quando a conta no banco está sem fundo e o credor lhe diz que você de fato está devendo, então a vida é um sofrimento. O problema é que há muitas pessoas que praticam a atenção em lugar de colocar a sua vida em ordem.

Outros praticantes se defendem de suas vidas, criando um observador. Esse é o que está consciente da confusão que está ocorrendo em todo o lugar. O observador não é o corpo, mas ele está consciente do corpo. O observador não é a mente, mas está consciente da mente. Não é os pensamentos, os sentimentos e as sensações. Ele está consciente de todas essas coisas. O observador é uma grande armadilha na meditação de atenção. Aquele que medita tem sido treinado para ver tudo, exceto o observador. O observador não pode ser observado. Esse é um paradoxo e um grande, um grande problema, se você está tentando tornar-se iluminado.

Se você está apenas tentando passar pela vida, a técnica do observador é boa. Você nunca mais precisará se machucar novamente. Nunca mais terá que correr risco algum. Nunca mais terá que assumir qualquer responsabilidade novamente. Tudo o que você precisa fazer é observar. É a solução para tudo. Essa é a maior descoberta desde o tofu de baixa taxa de gordura.

Uma vez que você está observando a sua vida você não terá que vivê-la. Você está consciente. Ou pelo menos você se convenceu disso. A realidade é que a mente criou um lugar seguro para estar enquanto o corpo reproduz, fica velho e morre. É assim. Isso realmente tem menos efeitos colaterais que a medicação psiquiátrica, mas, por outro lado, ser o observador de sua própria vida é inerentemente limitado, por mais racional que seja.

A maioria daqueles que pratica a meditação de atenção fica presa na técnica do observador. Convencidos de que chegaram, eles caminham em volta com um olhar fixo e observam. Eles falam aos seus amigos da eficiência da prática. Lêem traduções em inglês de sutras pouco conhecidos. Sempre que podem, praticam a observação sentando quietos em uma almofada – e observando. Ou quem sabe, observando a si mesmos sentados em uma almofada.

Para aqueles que não estão satisfeitos com o observar, há mais.

O que há depois são extensas etapas de meditação, de estados de mente, de níveis de compreensão e de aprofundamento de consciência. Tal qual uma cebola sendo descascada, camada por camada, a mente do praticante se revela. A luz brota onde uma vez havia uma mente; a realidade pode ser vista como contínua e descontínua; o observador desmorona; o impulso para a iluminação se fortalece; e depois também se desmorona; o esforço desaparece; a própria prática desaparece; vários níveis de budado ocorrem e finalmente a iluminação.

Onde estamos? Parecia que estávamos iluminados, qual foi o objetivo de tudo isso? Nós estamos muito felizes em uma espécie de vazio. Bem, talvez quando formos iluminados possamos ser completamente felizes, desde que reconheçamos que, de qualquer maneira, tudo é vazio.

Tudo isso é excitante, a não ser pelo fato de que nós não estamos exatamente lá, nós estamos aqui e estamos ouvindo ou lendo uma descrição traduzida do páli ou do tibetano, escrita há muitas centena de anos. Nós provavelmente não passaremos anos ou uma vida toda em retiros de meditação, passaremos uns poucos finais de semana.

Esse é um grande problema.

Nós confundimos a experiência direta na nossa vida real com uma filosofia bonita e complexa vinda de um passado distante. Nós não sabemos se estamos experimentando alguma coisa ou se estamos simplesmente acreditando que deveríamos experimentar alguma coisa.

Nós estamos atentos ou apenas acreditamos que estamos atentos?

Como Estar no Momento?

Como eu posso estar no momento?

Você está no momento. Onde mais poderia estar?

Mas eu não estou atento todo o tempo.

Bem, então onde você está?

Não atento; não onde.

Se você não está atento, então onde você está?

Estou fora, absorto em pensamentos e fantasias.

Então?

Isso não é atenção. A atenção está no momento.

Como você sabe que não está no momento?

Estou fora, absorto em pensamentos e fantasias.

Como você sabe que está fora, absorto em pensamentos e fantasias?

Eu me tornei consciente de que estou lá.

Onde?
Não, atento.
Você está atento.
Sim, estou atento para o fato de que não estou atento.
Onde você está consciente?
Lá.
Quando você está lá, não é, então, aqui?
Sim, é aqui.
Então você está atento para o fato de que não está atento, e de que você está lá, que é, na realidade, aqui.
Precisamente.
Qual foi a sua pergunta?
Como eu posso estar no momento?
Você está no momento. Onde mais você poderia estar?

Como Estar no Momento Depois Disso – Afinal, o Que É Atenção?

Atenção é uma palavra. Mesmo que não tenhamos consciência de mais nada em nossas vidas, vamos ficar conscientes dessa única coisa. A palavra atenção é usada para descrever, mas não para explicar um estado de consciência que está presente e que tem a capacidade de apreender algum elemento da realidade.

Isso significa que não podemos simultaneamente estar atentos e perdidos em pensamentos a respeito da nossa infância, ainda que possamos estar conscientes dos pensamentos da nossa infância. Então a consciência está presente, e ao mesmo tempo que o pensamento pode ser observado pela consciência, a consciência não está situada no pensamento propriamente dito.

Nós podemos começar a ver algumas sérias dificuldades ao falar sobre a atenção. Se a atenção está fora do pensamento, está fora da linguagem, está fora da própria realidade. Então o que as escolas de atenção estão ensinando? Como podemos ensinar algo que está além de tudo que é conhecido?

Esse é, certamente, o dilema. O que se está ensinando encontra-se dentro do campo do conhecido. O que se está ensinando é um sistema de idéias. Não estão nos ensinando meditação. Nós estamos sendo condicionados para conceitualizar as nossas experiências de maneiras particulares.

Não é difícil ver como isso poderia muito bem nos levar a algum lugar melhor do que aquele no qual começamos. Nós começamos na insatisfação, e agora estamos conscientes de nossa insatisfação. Nós estamos sem escolha, conscientes do nosso sofrimento. Isso é, sem dúvida, melhor do que apenas estar sofrendo. Ou não é?

Nós caminhamos e, utilizando as nossas novas habilidades como praticantes de meditação, prestamos atenção à dor em nosso pé. Observando a dor. Observando a dor. Observando a dor. Nós estamos muito felizes por ter alcançado essa consciência sem escolha de nossa dor. Nós apenas a observamos. É apenas dor. A iluminação deve ser assim.

Isso não é iluminação. Vamos tirar a pedra do nosso sapato. A dor não é apenas um objeto de consciência; é também uma mensagem, um chamado para a ação, uma trilha que, se seguida, levará a um entendimento mais profundo e a uma expressão mais profunda de nossas vidas.

Nós estamos tão ocupados com o estar atentos que esquecemos de viver.

Os ensinamentos sobre a atenção com freqüência usam uma metáfora de um bote atravessando um rio para descrever as técnicas que são ensinadas. Você precisa de técnicas de atenção somente para atravessar o rio, e, uma vez que está do outro lado da margem, você pode abandonar as técnicas. Mas onde está o outro lado da margem, e o que é isso que estamos atravessando? Nós não estamos vivendo como somos? A vida tem uma outra margem, esse lugar chamado iluminação, onde as coisas são fundamentalmente diferentes? Onde ele está? Alguém pode direta e não metaforicamente demonstrar esse outro lado para o nosso benefício? E se não pode, não seria esse apenas mais um sistema de crença que estamos assumindo para nós?

Afinal, o que é a atenção?

Atenção – Aquele Intervalo Desagradável Entre um Cochilo e Outro

Estamos de volta ao começo. A atenção é uma palavra. Além disso, ninguém sabe o que é a atenção ou o que fazer com ela. Esse é o fato. A atenção é uma questão que não pode ser respondida, um silêncio que não pode ser violado, alguma coisa que não é possuída, controlada ou usada.

Nós não podemos aprender atenção e nem tampouco ensiná-la. Podemos tentar sair do seu caminho, mas até isso é impossível. Não é difícil chegar perto da atenção. Ela retorna tantas vezes quanto a afastamos. Tomar consciência é tão simples quanto estar onde nós já estamos.

Não há nada para praticar, mas não praticar nada é algo que todos podemos fazer. Se não estamos dormindo, estamos acordados. Se estamos acordados, devemos estar conscientes. Se você pode ler isso, certamente você está atento. O cochilo terminou, e essa coisa perturbadora chamada atenção está acontecendo.

Podemos tentar entorpecer a nós mesmos com comida e bebida, com muita televisão, muito trabalho ou um milhão de outras coisas. Podemos ficar embotados em nossas próprias vidas com as nossas idéias, nossas agendas, nossas exigências infantis. Mas nós continuamos onde estamos, continuamos acordados, e essa coisa perturbadora chamada atenção está ocorrendo.

Não podemos pará-la.

Não podemos começá-la.

A atenção é um fato da vida.

8

Meditação Devocional – Se Eu Amasse Você

As lamentações são o maior tributo que o céu recebe e a parte mais sincera da nossa devoção.

Jonathan Swift

Deus não pretende que o homem tenha um lugar reservado para o seu trabalho, porque a verdadeira pobreza de espírito requer que o homem esteja vazio de Deus e de todos os seus trabalhos, de modo que se Deus quiser agir na alma, ele próprio deve estar no lugar em que ele age...

Meister Eckhart

Chegando ao Coração da Questão

Muitos indivíduos inclinados à espiritualidade não estão apenas interessados em sentar e focalizar as suas mentes antecipadamente em uma inevitável efusão de fenômenos psíquicos. Eles querem alguma coisa com um pouco de essência emocional e uma meditação que seja muito mais acessível. Para essas pessoas, a necessidade que elas estão expressando não diz respeito a suas mentes, mas sim a seus corações.

O coração tornou-se uma metáfora em nossa linguagem. O que queremos expressar por coração é o sentimento de expansão, de conexão, de uma grande fusão emocional, sem a interferência da mente racional. Essas expressões são em si mesmas metafóricas ou simbólicas, e assim encontramos muita dificuldade em expressar o que realmente queremos dizer com a palavra coração. Está tudo certo, porque o coração não se importa com o que isso significa, ele simplesmente sente. A mente racional se incomoda com isso, rejeita toda essa indefinição e preferiria muito mais ver alguma meditação de concentração acontecendo. Isso é algo que ela pode entender.

Mas o coração quer esse sentimento que chamamos devoção. Devoção é o símbolo que expressa o coração metafórico. Muitos de nós são atraídos para a meditação devocional e não sabem por quê. Nós não conseguimos saber por que e permanecemos atraídos por ela. Na devoção, a mente pensante, o intelecto, fica em silêncio.

O silêncio relativo da mente pensante que foi abandonada é poderoso, mas ainda é relativo. Na devoção, podemos ter aquietado o intelecto, mas será que aquietamos a mente por completo? O profundo depósito que reúne as imagens religiosas e psicológicas permanece ativo e é talvez reforçado pela inatividade temporária do intelecto e pelo fervor resultante da crença devocional. O mundo dos devotos permanece com o seu significado por meio da mente religiosa e do apoio dos paradigmas culturais.

Na teoria da meditação devocional, o sentimento de amor e devoção é focalizado em uma imagem ou um conceito somente no início da prática. Assim que a devoção se aprofunda, sugere-se que o objeto de amor, a idéia, seja afastada, permanecendo só a devoção propriamente dita, amor sem um objeto ou sujeito. Para uns poucos, isso pode até ocorrer. Para a maioria, a devoção permanece presa à imagem, à teologia e à filosofia de um sistema de crença específico.

Devoção – O Ópio da Religião

A maioria das religiões inclui a meditação devocional como um elemento central de seus ensinamentos. A versão exotérica dela, que é dirigida às massas, é geralmente externa e em forma de ícone, e é representada nas escrituras, na pintura, na escultura e na arquitetura. Algumas delas tocam os nossos corações com sua esplendorosa beleza. Mas o pior é que elas têm sido degeneradas em inimagináveis e repetitivas reproduções de imagens e são usadas para manipular e controlar um grande número de pessoas simplesmente interessadas em imagens.

Contudo, os símbolos externos óbvios da devoção existem para qualquer pessoa dentro de uma cultura religiosa particular para que se meditem neles, e desse modo se induza a algum sentimento de devoção. Em uma religião exotérica, a meditação devocional toma a forma de um ritual; atos programados e coletivos repetidos *ad infinitum.* Esse é o elemento que mantém a estrutura religiosa unida, e é a manifestação de um sentimento de devoção coletivo, mas inconsciente. Os rituais da religião são um tipo de meditação devocional em grupo. Eles são expressões poderosas que facilitam a continuidade da liturgia e da definição sectária.

Não é coincidência que as religiões que crescem com mais rapidez são as ritualistas mais dogmáticas. O ritual funciona. Ele cria um sentido de ligação com toda uma história religiosa. A repetição tem um efeito calmante e essencial sobre a mente, muito parecido com a meditação de concentração. Os rituais têm um começo e um fim, um tempo e um lugar, e um futuro em que serão realizados novamente – cinco vezes ao dia, uma vez por semana nos domingos, ou umas poucas vezes ao ano em feriados especiais. O ritual é predizível e reconhecível num mundo que parece amplamente fora do nosso controle e completamente cheio de coisas desconhecidas. Nós procuramos por modelos que representem o todo indivisível, que expandam a nossa visão, que reproduzam o mundo natural.

Os rituais são esses modelos. O ritual fornece um lugar de descanso para a mente ocupada, para o coração alquebrado e para a alma perdida.

Mas os rituais não podem tornar-se conscientes. Não podemos nos tornar completamente conscientes de seus propósitos, de suas origens, de seus significados e de seus impactos. Se investigarmos quaisquer de nossos rituais, alguma coisa muda. Eles não têm mais o mesmo sentido ou significado.

Na medida em que vemos, penetramos na construção social não apenas do ritual, mas também da própria religião. Percebemos que somos parte de um grupo que está se movendo em conjunto por meio desses rituais, mas vemos que não temos contato uns com os outros fora dessas práticas comuns. Nós descobrimos que as origens dessas práticas têm mais a ver com o poder, com a política, com a coesão social e com a história cultural do que com a revelação de qualquer realidade última.

Verificamos que há uma tremenda pressão para que permaneçamos dentro das práticas religiosas. A penalidade por desviar-se resulta em ser afastado – ou em alguns casos mais extremos, são utilizados argumentos mais convincentes para que fiquemos no programa; caso contrário, nossas almas estariam destinadas ao inferno, as nossas posses seriam confiscadas, ou seríamos simplesmente executados.

Nosso grupo, nosso ritual, nosso sistema de crença estará sempre separado e, conseqüentemente, estará sempre em conflito com um outro conjunto de crenças e práticas. E aqueles outros sistemas de crença estarão sempre em conflito conosco. Esse é o problema da crença. No seu interior ela é insegura e protecionista. Se praticamos a devoção, essa devoção é para as nossas crenças, estamos nos devotando igualmente ao conflito inerente à nossa crença.

A Meditação de Amor Benevolente

Da tradição budista surge uma poderosa meditação destinada a desenvolver as qualidades de amor, empatia e bondade. Essa meditação busca criar e ampliar essas qualidades da mente no indivíduo e expandir esses sentimentos incluindo todos os seres vivos.

Para aqueles que têm um sentido de ódio por si mesmo ou que têm tendência a sentir raiva e a ser críticos, esse cultivo de amor e aceitação pode afetar profundamente o comportamento e os modelos perceptivos. O ponto final da meditação de amor benevolente é a expansão de qualidades curativas além do praticante e para todo o universo.

É difícil dizer o que é gerado com essa prática, se é amor e bondade, ou se é um estado imaginário, reforçado pela prática de certos sentimentos e pela repetição de palavras que sugerem que aqueles sentimentos são autênticos e reais.

Para o praticante, o estado mental gerado é totalmente poderoso. Para o observador, o praticante pode parecer como se estivesse fora do espaço, desconectado e habituado à prática da meditação com intuito de ter a experiência. Alguns praticantes podem estar profundamente infelizes, embora convencidos de que não estão. Será que queremos saber se somos infelizes? Se somos infelizes e criamos um sentimento de amor por meio de nossas práticas, somos o que sentimos, ou o que não sentimos?

Não há dúvida de que esses estados poderosos de sentimento podem ser criados por esse tipo de prática. O que não está claro é se podemos entender o que esses sentimentos são realmente e integrá-los na totalidade de nossa vida. Freqüentemente nós nem mesmo sabemos por que estamos tentando criar esses sentimentos ou por que eles não estão presentes naturalmente em nós. No final, podemos ficar mais confusos com nossas tentativas de cultivar o amor benevolente, dada a complexidade da psique contemporânea.

Seria bom que pudéssemos acreditar que podemos fazer alguma coisa para sermos amorosos. Na maioria das vezes acreditamos que deveríamos fazer algo, porque não estamos certos de como amar, e isso cria um grande sofrimento. Essa crença subjacente é apenas reforçada pela "prática do amor", como se nós não o tivéssemos conseguido ainda.

Se Eu Amasse Você

Há um tipo de devoção que não é uma meditação, mas simplesmente um fato. Não pode ser praticado nem cultivado. Encontra-se freqüentemente em pessoas com uma perspectiva simples de suas vidas e raramente em teólogos e filósofos.

Para essas poucas pessoas, a própria humildade de seu relacionamento com o mundo ao seu redor e a fé e o amor com os quais elas naturalmente vivem fazem de suas vidas a mais verdadeira expressão de devoção. Elas não estão praticando a devoção; não estão praticando a meditação; elas estão vivendo essas duas coisas.

O restante de nós pode sentar em suas almofadas e orar para amar a todos os seres humanos, mas isso não ajudará.

Podemos perguntar a Deus: "O que aconteceria se eu decidisse amar você?" Nós nunca teremos a resposta.

A maioria de nós precisará encontrar-se com a falsidade da sua crença, as inconsistências da sua fé e a superficialidade do seu relacionamento com a vida. Teremos que reconhecer que a nossa devoção é uma negociação com a vida para termos segurança, e que nos situamos em uma posição fora do amor, como se fôssemos animadores de amor.

Para a maioria de nós, a devoção é uma qualidade pouco conhecida e inacessível, sobre a qual lemos na literatura espiritual, e que transformamos em rituais nos contextos religiosos, ou com a qual agimos em organizações espirituais, seguindo a liderança de outros. Não sentimos a devoção. Não vivemos a devoção.

De fato, ela não existe.

Esse reconhecimento pode nos levar para a realidade do que é.

Os místicos cristãos chamam esse reconhecimento de a noite escura da alma, os iogues falam sobre *neti, neti,* "nem isso nem aquilo", a destituição do falso. É o reconhecimento de que não se pode encontrar a realidade do amor através da devoção pelo que é, mas descartando aquilo que não é. O que o amor é sempre será distorcido pelas nossas idéias e imagens. O que o amor não é pode ser encontrado e descartado, deixando-se o que resta – a realidade do amor universal, sem nome e sem forma.

A única obstrução para o amor é a idéia do eu. Esse próprio eu que declarou sua devoção a esse amor. A nossa devoção é um obstáculo, porque o nosso eu é um obstáculo.

O nosso eu de fato não existe, a nossa devoção de fato não existe.

Não há nada no caminho do amor.

9

A Autoridade e a Busca de Segurança

Eu não desejo trazer os homens para mim, mas para eles mesmos... a minha honra é que não tenho seguidores.

Ralph Waldo Emerson

Como Podemos Legitimar um Instrutor Espiritual?

Tradicionalmente os instrutores de meditação vinham das culturas de onde os seus ensinamentos originavam-se. Ensinar meditação requeria anos de prática e, por último, a bênção de seus próprios instrutores, antes que um novo instrutor pudesse aventurar-se.

Ainda existem alguns instrutores tradicionais de meditação em circulação hoje em dia, mas não tantos quantos existiram anteriormente. As culturas tradicionais estão morrendo. Quando elas não são destruídas diretamente por invasões militares (tal qual o Tibete sendo tomado pela China), elas são vítimas da CNN, MTV, McDonalds, Coca-Cola e todo o resto do melhor que os Estados Unidos exportam para o mundo. Poucos dos instrutores tradicionais têm algo além de uma infância distante, deixada em sua própria cultura. Eles estão ocidentalizados e freqüentemente confundidos pelas forças competitivas dentro e fora deles.

Mas um novo e dinâmico tipo de instrutor espiritual está surgindo. Esses instrutores são geralmente autocriados. Se eles vêm com a bênção de um guru, normalmente é de um guru que já morreu, que não pode nem confirmar nem negar a autenticidade deles. Observe quantos novos gurus estão por toda a parte na América do Norte, utilizando-se de fotos de Ramana Maharshi para validarem a si mesmos. Ramana foi um dos grandes santos da Índia, conhecido por permanecer sentado a maior parte de sua vida em silêncio, sendo completamente indiferente à idéia de consagrar um discípulo para continuar o seu trabalho. Ele morreu em 1950. Ainda hoje existem dúzias de instrutores que sentam em baixo de sua foto enquanto dão suas palestras. Hoje em dia tudo o que você tem que fazer para ser um instrutor de meditação é dizer que você é um instrutor.

A linhagem tem sido tradicionalmente um caminho para dar autenticidade a um instrutor. Isso parece bastante racional. Nós podemos supor que se Deus falou com Moisés, Moisés tem alguma coisa importante para dizer. Mas nesses dias parece que Deus está falando com todo mundo.

Aqueles que não têm uma linhagem criam uma, ou, ainda melhor, começam uma. Para iniciar a sua própria linhagem, apenas se declare iluminado, crie o seu primeiro par de discípulos iluminados e diga para eles saírem e ensinarem. Eles irão. E você terá iniciado uma linhagem. Até mesmo pessoas já falecidas são colocadas em cena através da canalização de suas mensagens.

Como podemos selecionar tudo isso? Será que Deus está falando para todos esses novos profetas? Será que alguém que não detém uma linhagem pode ser autêntico? Só porque alguém já morreu, o seu ensinamento pode ser considerado profundo?

O fato é que não podemos fazer uma seleção dessa confusão. Não há absolutamente nenhum modo de avaliar o que é autêntico. Se há uma linhagem, há uma linhagem oposta. Em algum ponto da árvore genealógica, dois subordinados ao então atual instrutor tiveram um desentendimento e iniciaram as suas linhas divergentes. Cada qual acreditava que a outra linha era falsa. Tente escolher a denominação cristã autêntica: católica? ortodoxa grega? luterana? quáquer?

Alegações de que Deus falou são muito comuns e seriam impressionantes se não fosse pelo fato de que Deus está sempre dizendo coisas diferentes a pessoas diferentes. Deus me diz que todas as pessoas deveriam usar azul. Deus diz a você que todas as pessoas deveriam usar amarelo. Temos um grande problema no fato desse Deus estar falando para as pessoas essas coisas. Isso não funciona.

Fala-se da canalização. Há pessoas mortas sendo canalizadas. Seres interdimensionais e intergaláticos estão sendo canalizados. Vamos dizer, por um momento, que esses mortos e seres de outros mundos estão falando por meio de um médium. Será que estamos tão impressionados com o fenômeno que desconsideramos o conteúdo? O médium é a mensagem?

Ou a mensagem é a mensagem? E afinal, em que consiste essa mensagem?

Veja esse material supostamente canalizado. A mensagem está em qualquer lugar que queremos que ela esteja. Ela é todos e tudo. Ela é nada. A canalização não ajuda a legitimar um instrutor ou qualquer outra coisa.

TODAS AS GENERALIZAÇÕES SÃO FALSAS

Os instrutores espirituais norte-americanos são uma espécie estranha. Eles adoram misturar técnicas psico-analíticas e trabalho de corpo junto com as suas principais pregações. Eles fazem o melhor que podem para misturar as principais religiões em suas apresentações. Normalmente cobram por suas palestras, seus livros e outros produtos como doações para a sua fundação, sem fins lucrativos, que, em retorno os mantêm. Eles são eficientes em *marketing,* ou têm especialistas em *marketing* em sua organização. Ensinam que o esforço traz resultados. Ensinam também que se não formos suficientemente capazes de produzir um esforço para o nosso trabalho espiritual, ainda podemos contar com a graça, um tipo de bem-aventurança para os espiritualmente empobrecidos. Em resumo, eles são norte-americanos ensinando valores norte-americanos. Eles não transcenderam o materialismo ocidental. Transformaram a nossa cultura em jargão espiritual. Eles a vendem. E nós a compramos.

Essas são generalizações sobre instrutores espirituais norte-americanos. Sabemos que todas as generalizações são falsas. Mas apenas porque essas são generalizações, não significa que esses instrutores não estão interessados em nós. Ou, pelo menos, em nossas carteiras.

O Que As Pessoas Iluminadas Fazem Com O Seu Tempo Livre

Três famosos instrutores espirituais, um iogue, um monge e um dervixe encontraram-se um dia e desafiaram-se uns aos outros no sentido de serem completamente honestos a respeito de suas fraquezas.

O iogue disse: “Ainda que eu seja conhecido pela minha grande austeridade, devo admitir que apesar de minhas lutas para vencer as atrações, eu ainda adoro beber.”

O monge, com o rosto um pouco vermelho mas disposto a encarar o desafio, disse: “ Eu não tenho nenhum problema com bebida alcoólica, mas embora eu tenha meditado e orado, ainda não posso resistir à tentação das mulheres.”

Houve um longa pausa e finalmente os dois iluminados confessos viraram para o dervixe e disseram: "E então, qual é a sua fraqueza?"

"Bem", disse o dervixe, "Eu tenho o terrível e incessante impulso para a fofoca."

Os instrutores iluminados nos falam a respeito da consciência cósmica. Eles nos falam sobre os mundos etéreos e sobre as vastas realizações do caminho espiritual. Mas eles raramente nos dizem o que fazem com o seu tempo livre.

Podemos imaginar que se nós fôssemos um desses seres, levantaríamos cedo para a nossa meditação matinal e para tomar o nosso *cappuccino.* Beijaríamos a nossa esposa e nos despediríamos antes de começar a nossa maratona diária no horário do *rush* (que aceitaríamos com tranqüilidade) em direção ao escritório, onde passaríamos o nosso dia realizando boas obras, aconselhando as pessoas em suas práticas espirituais e encorajando os nossos devotos para que continuassem com a sua devoção. Nós nunca nos preocuparíamos com a prestação da nossa casa, com o aluguel do escritório, com as contas de telefone, ou com onde investir o nosso dinheiro. Esses são detalhes mundanos e sem importância que podem ser deixados para os outros.

Nós almoçaríamos com jornalistas ansiosos para nos perguntarem como solucionar os problemas do mundo, ou talvez com outros seres iluminados que por ventura estivessem passando pela cidade. Depois de verificar com a equipe do escritório e com o nosso correio de voz a respeito das crises de última hora a serem afastadas, nós iríamos para casa cedo para evitar o tráfico do entardecer.

Podemos esperar um luminoso e saudável jantar, acompanhado de uma conversa espirituosa, perspicaz e profunda com a nossa apaixonada esposa e talvez com alguns amigos íntimos. As nossas angelicais crianças estão à nossa volta, mas definitivamente não as estamos ouvindo. Elas estão provavelmente ajudando umas as outras a fazer o dever de casa ou falando calmamente umas com as outras, curiosas para saberem a respeito da vida espiritual.

Tudo está bem até agora. Não é difícil para nós entendermos como deve ser a vida para um ser iluminado.

Mas o que nós fazemos depois? É hora das notícias da noite, de uma palavra cruzada ou de fazer tricô? E os finais de semana e feriados? O que fazemos no dia seguinte ao Ano-Novo, quando tudo está fechado? Não deveriam os seres iluminados fazer algo iluminado?

O que as pessoas iluminadas fazem com o seu tempo livre? E por que ninguém fala sobre isso?

Será que os seres iluminados também assistem às notícias da noite, alugam um vídeo ou jogam no computador? Será que eles fazem coisas não-iluminadas? Se eles são como nós depois do expediente, será que eles são realmente o que dizem ser durante o horário de trabalho? Talvez eles não possam esperar para livrarem-se de sua profunda pregação e irem para casa para ver os últimos capítulos daquela novela, verificar os preços das ações do mercado ou chamar os seus velhos amigos para fofocar.

Talvez eles estejam aborrecidos com os seus trabalhos, pensando que estão perdendo tempo em suas vidas. Talvez se lamentem por nunca terem se graduado na Faculdade. Talvez estejam querendo saber por que ninguém lhes pergunta o que eles estão fazendo. Talvez quisessem que lhes fosse permitido ter um dia ruim de vez em quando. Certamente não é um trabalho fácil ser iluminado – o pagamento talvez seja bom, mas as horas são longas, e eles realmente nunca têm uma chance apenas para relaxar, para deixar as coisas seguirem por si só.

Se os iluminados estão agindo como um de nós, então, talvez, eles sejam um de nós, e, dessa forma, nós devemos ser um deles. As coisas talvez sejam um pouco diferentes do que elas parecem nesse assunto de iluminação.

Vamos verificar isso com os próximos seres iluminados que encontrarmos. Vamos conferir o que eles realmente estão fazendo – e o que eles fazem com o seu tempo livre.

SE VOCÊ ENCONTRAR O INSTRUTOR ESPIRITUAL NO CAMINHO...

Se você encontrar Buda no caminho, mate-o.

Koan Zen

Aqui estão algumas perguntas para que você faça a si mesmo, ou a qualquer instrutor espiritual com o qual venha a estudar, assim como algumas considerações a respeito da natureza da autoridade religiosa.

Por que você precisa de um instrutor? Há algo errado com você? Por que o instrutor precisa de você? Por que o instrutor ensina? Por que você é um estudante?

Instrutores de uma sabedoria louca são loucos. Eles não sofrem de insanidade, eles gostam dela. Se você se decidir por seguir algum desses, por que deveria se queixar mais tarde?

Pergunte logo de início e com freqüência sobre o dinheiro. O que financia a organização e quem se beneficia com o ingresso do dinheiro? Espera-se que você esvazie a sua conta bancária, liquide os seus bens ou venda flores na rua? Os folhetos da organização sugerem modos de contribuir com ações, bônus e bens imóveis? Aceitam-se os cartões Visa e Mastercard? O modo como o dinheiro funciona irá dizer-lhe muito sobre como o instrutor funciona, ou não.

Pergunte sobre o sexo. É exigido, e por quem, com quem? Há alguém falando a respeito abertamente, ou o sexo é um tabu?

Fale com um estudante mais antigo. Por quantos anos essa pessoa tem feito as práticas? Acrescente esses anos à sua idade e pergunte a si mesmo se é o que você deseja ser quando chegar a esse ponto de sua vida.

Se o instrutor é um homem, qual é o homem que está fazendo falta em sua vida (física ou emocional) que ele lhe faz lembrar? Se é uma mulher, de qual mulher ela lhe faz lembrar? Se isso não está claro para você, pergunte a sua mãe ou seu pai, a menos que eles não queiram falar sobre isso porque estão ocupados, ou que você não se encontre com um deles desde o divórcio, quando você ainda era criança, ou que tenham morrido. Um palpite: instrutor masculino = figura do pai; instrutora feminina = figura da mãe.

Pergunte ao instrutor se ele pode trocar a sua condição de modo permanente e direto. Se ele afirmar que sim, peça que o faça de imediato e com observadores presentes (não caia na manobra do sexo tântrico aqui). Se ele disser não, verifique o que ele pode fazer por você. Se ele disser que não pode fazer nada, continue em sua companhia, ele pode ser uma pessoa interessante. Pergunte o que você pode fazer pelo instrutor.

Convide os instrutores para um chá em sua casa. Aqueles que vêm sem a sua comitiva são os mais interessantes. Aqueles que vêm com a comitiva são pelo menos aventureiros. Aqueles que não querem vir são demasiado importantes e ocupados para você – e o que há de bom nisso? – ou eles estão com medo de ir a um lugar fora do espaço que eles controlam. Pode haver outras explicações por não terem vindo, e pode ser útil que você ouça quais são.

Em decorrência do convite do chá, você pode escrever para o instrutor e dizer qualquer coisa; não importa o quanto você esteja sendo sincero. Veja qual o tipo de resposta que ele lhe dá. Os instrutores importantes apenas acusarão o recebimento e você será colocado em sua mala direta. Alguns irão ignorá-lo. Outros responderão pessoalmente. Uns poucos responderão pessoal e honestamente.

Se o instrutor é velho, pergunte a você mesmo se a sua atração poderia ser pela grande experiência de vida que ele tem e quem vem com o tempo. Se o instrutor é jovem, verifique se a sua atração seria em função da exuberância de uma pessoa que o tempo não desgastou. O próprio tempo é um grande instrutor, ainda que ele termine por matar todos os seus alunos.

A Dependência de Uma Autoridade Espiritual

Por que temos essa necessidade tão profunda de autoridade, de orientação e segurança, tanto em nosso mundo interno quanto no externo? É um elemento curioso da condição humana; ansiamos por dominação como um modo de subjugar nossos demônios internos. É igualmente curioso o fato de procurarmos a experiência espontânea do amor na repetição do ritual, ou procurarmos um modo de sair do labirinto de nossas mentes pela absorção de conceitos espirituais ou da ideologia psicológica.

O instrutor espiritual poderá nos suprir com as chaves para o universo, mas o universo não está fechado.

Nós acreditamos que não podemos nos manter por nós mesmos. Sentimos que não temos a intensidade pessoal necessária para viver sem um manual de viagem. Nosso entendimento é de segunda mão. Vemos outra pessoa como autoridade em algo em que já somos especialistas – nossa própria vida.

Um instrutor pode nos dizer como ele fez algo. Ele pode nos dizer como o instrutor dele fez. Ele pode nos dizer como as escrituras nos dizem como fazer. Mas ninguém pode verdadeiramente nos dizer como viver ou como amar.

A busca de uma autoridade é uma procura por sedativos. É fugir do desafio inerente de viver. É abrir mão da nossa própria espiritualidade inata em favor da reprodução mecânica da experiência de outro.

Essa busca de autoridade está no centro da nossa confusão espiritual. Nessa procura ficamos convencidos de que há algo para conseguir e que alguém nos mostrará como fazer isso. Nossa curiosidade espiritual inerente e espontânea transforma-se em cobiça assim que ouvimos as promessas das riquezas sobrenaturais que acompanham nosso novo guia. Cada passo que damos com esse instrutor é um passo mais próximo para conseguir a iluminação, o *samadhi,* a felicidade, a concepção do nosso salvador pessoal, ou o que quer que esteja implícito na promessa. Cada passo nos deixa com mais um passo. Cada dia nos deixa com mais um dia. Cada prática com mais uma prática. Cada contribuição com mais uma contribuição para fazer. Estamos apegados a essa autoridade externa.

O Pai Sabe Tudo

A grande maioria das autoridades espirituais é formada por homens. Os homens são realmente melhores no jogo espiritual, eles são mais agressivos quando se trata de conseguir as posições disponíveis, excluindo ativamente a competição ou algo mais que esteja acontecendo.

Muitos de nós temos um relacionamento problemático ou incompleto com os nossos pais. Ainda que possamos compreender as limitações de funções estereotipadas, com freqüência o pai é aquele que aparece como a figura de uma autoridade poderosa em nossa psique. Nós estamos procurando por toda parte esse pai de forma que ele possa nos dar alguma segurança. Nós queremos saber se estamos seguros, que não há nada no armário, e se o Papai Noel de fato existe. O instrutor é o pai.

O pai sabe melhor. O instrutor sabe melhor. Nós regredimos para um ponto favorável da infância, onde podemos aceitar soluções simples para problemas insolúveis. O Papai

Noel existe porque nós acreditamos que ele existe, e cremos com mais força porque o nosso pai disse isso.

Armados com a profundidade incontestável desse conhecimento interno, enfrentamos a nossa vida e fingimos que as nossas crenças estão solucionando os nossos problemas. Nós fingimos que o pai sabe tudo.

MÃE, VOCÊ REALMENTE ME AMA?

Algumas das instrutoras que encontramos são mulheres. Não há muitas. O jogo espiritual tem sido dominado pelos homens há longo tempo. Apesar do nosso entendimento político e sofisticado e da correção do modo como pensamos e agimos com relação às mulheres, para alguns de nós, o feminino representa o amor de nossa mãe.

Uns poucos buscadores poderão sentir que nasceram de mães que não podiam propriamente expressar o seu amor. Essas são as mães que abandonaram os métodos naturais de parto e utilizaram analgésicos ou algum método de parto iconoclástico, dando a luz ao filho em uma banheira grande com água morna de camomila, enquanto alto-falantes embaixo da água tocavam músicas meditativas. Talvez tenham sido mães que não amamentaram os seus filhos ou que não gostaram muito de amamentar, que desmamaram as crianças muito cedo ou muito tarde, que lamentavelmente criticaram as tentativas de individuação dos filhos, ou que os sufocaram com adulação imerecida, ou arruinaram de outro modo a sua prole.

Desde a infância, nunca estivemos muito certos a respeito do nosso mundo emocional. Nós somos amados ou não? O mundo nos nutre simplesmente porque nós existimos, ou temos que ter um ataque de raiva para conseguir o que precisamos? Por que temos uma profunda aversão por chá de camomila?

Então vemos a instrutora. Ela é bonita, beatífica e adorável. Ela nos olha atentamente com um olhar que diz que a adulação é merecida, que as nossas tentativas de individuação estão além da crítica, que a sua nutrição é nossa por direito, e, acima de tudo, que nós somos especiais porque a temos em nossa vida. Nós encontramos a nossa mãe, e ela nos ama mais do que qualquer coisa. Ela nos ama muito mais do que as centenas de pessoas que estão sentadas na sala de meditação ouvindo a sua guru falar.

Aqueles que ouvem não estão conscientes disso, das nossas mais profundas fantasias. Cada uma das centenas de pessoas está ocupada. Afinal de contas, cada uma delas encontrou a sua mãe.

Talvez seja tempo dar um passo atrás, tomar uma xícara de chá de camomila e fazer uma avaliação.

O Que Fausto Aprendeu Da Maneira mais Difícil

Quando nós desistimos da nossa própria inteligência, da nossa própria perspectiva, do nosso próprio contato direto com a vida em troca de ensinamentos de uma autoridade espiritual, nós esperamos algo de volta. Estamos fazendo um trato e esperamos um bom retorno. Nós queremos segurança, poder, imortalidade, ou talvez apenas uma trégua por parte da neurose perturbadora de nossa própria mente. Nós podemos fazer esse trato, mas será que alcançaremos nosso objetivo com a barganha?

Inicialmente parece que sim. Nós não fazemos muitas perguntas. Seguimos com o programa. Sorrimos bastante. As nossas novas circunstâncias começam a parecer muito agradáveis. Temos amigos. Temos atividades. Temos uma série de visões interiores impressionantes dentro dos mundos do espírito e da matéria.

Nós estamos felizes. Bem, não muito, mas o suficiente. Bem, de fato, não muito. Nós estamos indo. O nosso sorriso está desaparecendo. Os nossos amigos do grupo se perguntam se realmente estamos envolvidos de todo coração e começam a nos evitar. Nós notamos as fobias humanas do instrutor, as contradições, as escusas. Tentamos esquecer o que vemos, mas não podemos.

De repente, nós estamos do lado de fora olhando para dentro. Somos os incrédulos. Fazemos muitas perguntas. E estamos sozinhos. Estamos precisamente onde estávamos quando fizemos nosso trato e, de fato, onde estivemos todo o tempo.

O que Fausto aprendeu da maneira mais difícil é que quando você faz um pacto com o demônio, você consegue o que quer, mas também o que não quer. No mundo dos pactos, aquele que quer alguma coisa já a perdeu. O desejo obscurece a nossa percepção. O demônio está dançando no prazer. Ele já viu isso antes. Talvez seja difícil entrar no céu, mas no inferno há sempre espaço para mais um.

Do que Temos Medo?

Quando a nossa crença na autoridade é quebrada, ficamos aterrorizados. Estamos sozinhos e inseguros. Falhamos como discípulo. Agora nada vai evitar que falhemos como indivíduo.

Mas do que temos realmente medo?

Indivíduos não podem falhar. A menos que estejamos dentro de um sistema de crença, não podemos encontrar o critério para o fracasso. Uma vida sem autoridade nos coloca em contato direto com os efeitos da nossa vida, das nossas ações, dos nossos pensamentos e sentimentos. Sem o véu da crença, temos a percepção direta do mundo no qual existimos.

Agora nós experimentamos a realidade da raiva, não a sua indignação moral. Experimentamos a realidade da violência, não a sua condenação teórica. Nós não agimos fora de um código ético, histórico e cultural, mas sim pela experiência real do relacionamento com o mundo ao nosso redor.

Nós não agimos partindo do amor porque Jesus assim nos ensinou, mas sim porque descobrimos o amor por nós mesmos. Nós não agimos partindo da compaixão porque Buda assim falou, mas porque a experiência profunda do sofrimento da condição humana brota em nós.

Nós ficamos sozinhos no campo dos nossos pensamentos, responsáveis por nossas ações, sem ser guiados por ninguém e sem censurar ninguém. Não somos guiados pela religião, somos uma religião viva. Nós nos tornamos o profeta, o santo, o vidente. No momento em que nós abandonamos toda autoridade, todo condicionamento, todas as projeções da memória, interna e externa, tornamo-nos um receptáculo vazio que é preenchido espontaneamente com a própria vida.

Quando o demônio surge para fazer o seu pacto conosco, ele não consegue nos encontrar mais em nenhum lugar. Ele olha e olha, mas tudo o que pode encontrar é a vida – vital, próspera e amorosa. Então volta para o seu reino, murmurando profundas maldições. Ele alivia sua decepção retornando ao seu trabalho com vigor renovado. Uma pequena parte desse trabalho é treinar aqueles que aspiram a ser instrutores espirituais. É uma pequena parte de seu trabalho, mas ele desfruta dela enormemente.

A Responsabilidade do Indivíduo

Sem um código de comportamento, um sistema de crença, um ensinamento moral para seguir, não ficamos mais obrigados a nada. Temos liberdade absoluta e, com isso, muito poder. Nós agimos como indivíduos e como uma expressão da própria vida.

Essa é a descrição de um místico. Que é a mesma descrição do louco, do psicopata e do megalomaníaco. Como podemos saber se não chegamos à loucura, utilizando-nos da máscara do entendimento?

O louco vive em um universo autocriado, apartado da vida e fora de comunicação com o mundo ao redor dele. Ele não pode manter o seu universo se ele está aberto para o todo.

Nós só podemos descobrir a realidade do nosso próprio estado se estivermos em comunicação com o mundo ao nosso redor, abertos, permitindo que tudo esteja em contato conosco. Essa é uma responsabilidade tremenda, mas não requer esforço.

Os muros que nos separam da vida exigem esforço. Manter barreiras exige energia. A abertura é simplesmente relaxamento, abrir mão e desistir. A mensagem da vida surgirá claramente nesse estado de abertura.

10

Meditação de Realidade

Nós Somos Todos Mestres de Meditação

Experimentamos todos os tipos de técnicas de meditação e ainda estamos em conflito, somos neuróticos e insatisfeitos.

Sentamo-nos exaustos de nossos esforços, deprimidos. Jogamos fora toda idéia de meditação. Desistimos.

E aqui nós estamos. Finalmente chegamos aonde estamos.

Onde estamos é a meditação, onde quer que estejamos.

Não há nenhuma entrada e nenhuma saída. Não há nenhum fazer ou deixar de fazer. Não há técnica, nenhum resultado, nenhum poder, nenhuma experiência.

A meditação na qual estamos não é nem mesmo espiritual. É a própria vida, movendo-se pelo seu próprio acorde, fluida, calma, bela e auto-satisfeita.

Onde nós estamos não há aquele que medita, somente a meditação. Não há pensador, somente o pensamento. Não há agente, somente a ação. Não há amante, somente o amor.

Nós não precisamos de um tempo ou lugar especial para estar onde estamos. Não precisamos de um retiro, de isolamento, para que possamos estar onde estamos. Não precisamos de coisa alguma. Não precisamos de nada.

Nada é o que é necessário para estarmos onde estamos.

Nós somos todos mestres de meditação. Esse é o nosso direito inato.

A maioria de nós não se apercebe disso. Essa é a nossa desgraça.

Perceba isso.

Relaxe.

Reconheça o lugar onde você está.

O Que É a Realidade, de Fato?

O que é essa realidade a que chegamos, não tanto pelos nossos esforços, mas apesar deles?

Nós não temos conseguido descobrir a realidade com as nossas mentes altamente treinadas. Apenas temos encontrado mais mente interpretando a mente, interpretando a mente, *ad infinitum.* Nós não temos sido capazes de encontrar a realidade por meio da nossa vasta coleção de práticas espirituais. Apenas temos encontrado bom comportamento e crença. Temos procurado pela realidade nos lugares errados.

Agora, nós a descobrimos por acaso, aqui, agora mesmo.

Será que a realidade é tão simples e tão disponível? Se pararmos de tentar, de fazer, de continuar com as nossas experiências enquanto tentamos transformá-las em algo, a realidade irá revelar-se diante de nós no simples fato de existir?

Realidade. Essa é mais uma palavra. Agora jogue fora a palavra. O que restou?

A realidade é o que permanece, a qualidade simples, fundamental, não-interpretada, que nós naturalmente apreendemos quando o intérprete, o "eu", está silencioso. A realidade é pensada sem a identificação com um pensador. É prazer e dor, tal qual ocorrem os sentimentos, sem a distorção causada pela nossa necessidade desesperada de encontrar um e evitar a outra.

Mas até mesmo a urgência, a distorção e o impedimento são a realidade, porque são parte de nosso mundo, e somente podem ser entendidos se forem também vistos sem comentários ou conceitualizações. A realidade inclui o mundo conceitual, que age para distorcer, tanto como inclui o silêncio, que clarifica o que está distorcido.

A realidade não é simplesmente o fenômeno que ocorre, mas é a própria natureza do observador desse fenômeno. De fato, não há nenhum observador. Na verdade, há somente o fenômeno.

Para encontrar a realidade, tente encontrar o eu, o "eu" que está comentando e interpretando. Certamente esse "eu" não pode ser encontrado, porque o "eu" não existe – na realidade.

Espantados por não encontrar esse "eu" em nenhum lugar, podemos topar com a realidade.

O Tempo – Ele Evita Que Tudo Ocorra Simultaneamente

A eternidade é um pensamento terrível. Eu quero dizer – onde isso tudo vai terminar?

Tom Stoppard, *Rosencratz and Guildenstern are Dead*

Um dos grandes contextos nos quais todos nós vivemos é o tempo. É o tempo que nos dá o sentido de passado e futuro e que constantemente nos impele para fora do presente atemporal. É o tempo que nos mantém refletindo em nossa história e projetando nosso futuro baseado em nossa história.

Se quisermos descobrir a realidade de nossa vida, devemos entender a natureza do tempo. Nós freqüentemente pensamos a respeito disso como algo dado, uma suposição do fato que é reforçada pelos movimentos cíclicos óbvios da Natureza, pelas referências históricas cruzadas de nossas memórias com as memórias dos outros, e pelas propriedades mais exatas e previsíveis que associamos com o tempo.

Será que o tempo existe fora da teia de conceitualização? Vamos explorar essa pergunta como se já não soubéssemos a resposta. Vamos olhar o estado eterno do momento ao invés de olhar o estado do pensamento limitado pelo tempo. Talvez então possamos entender a realidade do tempo.

Na visão eterna do momento, o tempo parece com o pensamento; o pensamento do agora, o pensamento do depois, o pensamento do que ocorrerá. Esses pensamentos surgem e passam no eterno presente. Nesse presente, nós não podemos encontrar nem o passado nem o futuro, somente o pensamento do passado ou o pensamento do futuro.

EXPERIMENTO: Olhe para o seu relógio e veja a hora. Agora sente com os olhos fechados de forma que você possa acompanhar de perto o seu mundo conceitual. Veja se pode encontrar o passado ou o futuro. Veja se você pode encontrar pensamentos do passado ou do futuro. É possível para você encontrar qualquer pensamento que dure mais que o momento presente? Quando você começar a se sentir demasiado intranqüilo para continuar atento, pare e veja a hora no relógio.

O tempo passou, sem dúvida. Você observou o tempo passando enquanto acompanhava a sua ideação? Ou você extrapolou a hora do movimento do relógio?

A atenção cuidadosa sobre nossos pensamentos, sentimentos e sensações – a nossa janela para mundo – parece nos tirar fora do tempo. No entanto, o movimento dos ponteiros do relógio, o nascer e o pôr do sol, o envelhecimento de nossos corpos, nos dizem que algum movimento progressivo ou uma série de mudanças está ocorrendo.

O pensamento também notou isso. A sua função é prever os movimentos do mundo ao nosso redor e proteger nós mesmos e tudo que consideramos nosso. Essa é uma vantagem decisiva no jogo da sobrevivência, e nós não apenas sobrevivemos, mas também dominamos e destruímos qualquer coisa que esteja em nosso caminho – através do pensamento.

O pensamento, sendo a memória e a função previsível de nosso sistema humano, não inventou o tempo. Tampouco observou meramente o tempo, como nos ciclos naturais do mundo. O pensamento, a memória da história e a previsão do futuro, é o tempo.

Se o pensamento não organizasse o mundo cambiante na seqüência que consideramos ser o tempo, tudo poderia acontecer no mesmo momento.

Sem o tempo existiria somente o momento presente para que algo e tudo ocorresse.

Do ponto de vista do atemporal, isso parece ser simplesmente do jeito que é. Mas, do ponto de vista do tempo, o atemporal parece como algum tipo de doença mental ou de iluminação, talvez, dependendo do contexto cultural. O tempo pode somente aproximar-se do atemporal, protegendo-se com elevadas teorias matemáticas, com a física, com as filosofias existenciais, ou com as mitologias místico-religiosas.

Em nossa cultura, as únicas pessoas que falam muito a respeito do atemporal são os sacerdotes do tempo: os escritores de ficção científica, um pequeno número de físicos célebres; e uns poucos autores que fazem *marketing* da Nova Era, vendendo filosofia oriental recondicionada. Nós deixamos que falem sobre isso, porque é o que eles supostamente têm que fazer. Nós ouvimos, admirados e confusos, porque é isso que supostamente temos que fazer.

Mas nós não podemos falar do atemporal, ou terminaremos presos numa cadeia por setenta e duas horas. As pessoas normais não discutem tais coisas na companhia de pessoas cultas, certamente não no trabalho, e, definitivamente, também, não na frente das crianças. Afinal, obviamente o tempo existe. É através dele que sabemos a hora de ir para o trabalho, qual o dia da semana que temos que pagar as contas e qual o ano em que começaremos a receber a aposentadoria. O tempo traz ordem ao movimento de nossas vidas.

Ou não?

Nós teremos que lidar com o tempo se estamos interessados em compreender as nossas vidas. Nós teremos de explorá-lo, experimentá-lo, até mesmo falar sobre ele. Até na nossa vida ocupada, nós teremos que encontrar... o tempo.

O Tempo Psicológico

O tempo é um acontecimento assombroso, sem precedentes na evolução da vida neste planeta. O surgimento do pensamento/tempo nos deu tanto a salvação quanto a destruição. Ao provar essa fruta particular, saímos do jardim do pré-pensamento atemporal. Saindo da graça, começamos o incrível relacionamento tecnológico para com o mundo natural que ainda temos hoje.

Na medida em que desenvolvemos as complicações da manipulação do mundo natural através do tempo/pensamento, através da ciência, da matemática, da linguagem, da política, e das ciências de guerra, facilmente esquecemos a qualidade do atemporal do mundo natural. O nosso sentido de tempo, com o seu fundamento nos ciclos do mundo que temos observado, expandiu-se para incluir o tempo psicológico.

A tecnologia baseia-se no tempo concreto, na memória e na previsão dos fenômenos naturais. Referências concretas do tempo objetivam a realidade, como o nascer do sol ou a decomposição do material atômico. O tempo psicológico baseia-se em nada mais do que no seu sentido de separatividade, identidade e individualidade. O tempo psicológico tem apenas a realidade subjetiva como referência, e o centro de sua realidade é o nosso sentido de "eu". Assim como o surgimento do pensamento criou o tempo concreto, o surgimento do sentido de individualidade, de separação do "eu" e "você" como entidades separadas e divididas, criou o tempo psicológico.

Em algum lugar de nossa história humana, o coletivo tornou-se o individual. A individuação do pensamento e o começo de um conceito de "eu" fez surgir o tempo psicológico. Essa mudança conceitual errada nos presenteou com o mundo desconectado que agora habitamos.

O tempo psicológico está desligado do mundo natural. Ele existe somente no mundo conceitual. O surgimento do tempo psicológico alterou o nosso relacionamento tecnológico com o mundo natural de uma forma gritante. De caçadores nos transformamos em destruidores.

Hoje o tempo não é medido apenas por um relógio ou pelas estações do ano. É também medido pela ansiedade do êxito ou do fracasso nos empreendimentos, pela angústia da adolescência, pela crise da meia-idade e pela solidão da velhice. Nós estamos predispostos contra outros membros da nova geração, da geração que nasceu entre 1945 e 1955, a geração Pepsi, ou alguma outra criação demográfica apavorante. Negociantes do consumismo nos estimulam a ir a algum lugar, a conseguir algo, ou a fazer alguma coisa – ligue agora, não perca essa oportunidade, somente hoje. Nós experimentamos a pressão constante do tempo, ir a algum lugar, fazer algo, tornar-se algo. Dizem-nos para não perder tempo, que tempo é dinheiro.

Nós aceitamos a perspectiva do tempo que herdamos, que nos diz que somos seres separados, trabalhando com porções limitadas de tempo para negociar o nosso sucesso ou fracasso em relação ao sucesso ou ao fracasso dos outros.

Na estrutura do nosso tempo psicológico, há situações em que existe " tempo demasiado", tal como quando estamos aborrecidos, infelizes, solitários, antecipando algo ou sofrendo. Há situações em que existe "muito pouco tempo", tal como quando estamos tendo experiências emocionantes e estimuladoras, quando estamos felizes ou sentindo prazer, ou quando sentimos pressa por ter muitas coisas para fazer.

Nós somos influenciados pelo tempo concreto, tal como o pensamento, procuramos evitar o sofrimento físico e assegurar a sobrevivência física. Mas quando somos impulsionados pelo tempo/pensamento psicológico, tentamos evitar o sofrimento conceitual e assegurar o prazer conceitual.

O tempo psicológico é o relacionamento de aversão e atração em relação a certas experiências. Nós queremos mais prazer mental e menos sofrimento mental, assim o prazer nunca é suficiente (tempo), e o sofrimento é sempre demasiado (tempo). O tempo psicológico funde prazer e sofrimento em um *continuum* de desconforto subjacente e obscurece a realidade do momento. O tempo psicológico nos leva a selecionar as nossas experiências numa tentativa frenética de ganhar controle sobre as nossas vidas. Tentamos nos assegurar de que o centro conceitual, o "eu", nunca experimentará o sofrimento psicológico. Esse impulso não tem sentido, simplesmente porque a realidade da vida não está sob o nosso controle, apesar dos nossos esforços para controlá-la; de fato, o sofrimento psicológico é criado inteiramente pelo esforço que fazemos para evitar o sofrimento psicológico.

A nossa busca pelo fim do sofrimento é inútil, porque aquilo que se está procurando é a causa do sofrimento. A divisão do mundo em um "eu" e um "você", o próprio isolamento da separação é inerentemente doloroso. O "eu" discute e se enfurece, agitando-se em pensamento após pensamento, tentando, de uma maneira ainda mais apavorada, encontrar o fim do sofrimento psicológico. Tentamos a terapia, os remédios, a religião, a espiritualidade, a meditação, mas nada parece funcionar.

Isso não pode funcionar, porque o indivíduo, aquele que quer ficar melhor, é o problema. O "eu" é o sofrimento. O fim do sofrimento pode surgir somente quando o "eu", a separação, o isolamento, chegar ao fim.

O sofrimento psicológico somente pode chegar ao fim quando a resistência ao movimento da vida chegar ao fim. Agora a simples realidade pode surgir, liberada da nossa inútil classificação das experiências psicológicas em boas e ruins, em dolorosas e prazerosas, do que gostamos e do que não gostamos.

Até isso ocorrer, engaiolados, nós corremos como cobaias na nossa roda de exercícios, fugindo e indo ao encontro da própria criação de nossas mentes – o tempo psicológico. Não importa o que fazemos, o quanto de energia gastamos, nós sempre terminamos no mesmo ponto. Nós encontramos o prazer. E ele se torna desconforto. Nós fugimos do desconforto para um novo prazer. E aquele prazer torna-se desconforto. Logo, mesmo a idéia de perder o prazer se torna sofrimento. Nós corremos mais rápido. Não há muito tempo.

Será que podemos ver o modelo, o ciclo infindável de pensamento/tempo psicológico? Será que podemos ficar completamente quietos na roda sem girar? Será que o tempo psicológico, o infindável vir-a-ser, o impulso para o prazer que se torna dor, pode chegar a cessar?

Essa quietude não está destituída de pensamentos neuróticos infindáveis. Ela simplesmente não é movida por eles. Esse é um relacionamento simples, mas fundamentalmente radical em relação aos pensamentos, sentimentos e às sensações que tipicamente impulsionam as nossas ações.

Nós não estamos tentando nos livrar de coisa alguma. Não estamos tentando criar um estado de vazio. A calma em que chegamos é um estado de não-reação. Ela não está particularmente interessada em avaliar o que está surgindo em nosso campo de consciência.

Agora nós estamos simplesmente sendo. O mundo do pensamento, o mundo da realidade está em movimento. O mundo do tempo concreto, a produção da mudança pelo pensamento, permanece em movimento. Mas nós não estamos em movimento, porque na descoberta da quietude nós também descobrimos o fim do tempo psicológico.

O ponto de quietude reside em cada um de nós e é acessível em qualquer momento, sem meditação ou ajuda. Ele ocorre espontaneamente quando nós vemos o ciclo repetitivo de desejo e aversão gerado pela ilusão do tempo psicológico, e quando nós nos damos conta de que já giramos o suficiente na roda.

Esse ponto de reconhecimento é uma via para a realidade, na qual nós já pisamos.

O que acontece agora é o nosso primeiro contato pleno com o simples fato da nossa vida, a descoberta do que é ser um ser... humano.

Outras Considerações Extremamente Importantes Sobre A Natureza da Mente e da Realidade

A natureza do pensamento é tal que ele cria um pensador. Esse é um fenômeno muito estranho, mas é o próprio centro do nosso conflito pessoal e das estruturas sociais fragmentadas que têm crescido a partir da nossa confusão existencial.

O pensador não cria o pensamento. O pensamento cria o pensador. Cada pensamento ou sentimento que ocorre em nós traz com ele a idéia de "eu", de um centro, de uma entidade integrada que está gerando os pensamentos e sentimentos. Mas esse centro é real? Existe um "eu", e se existe, onde ele pode ser encontrado?

Nós rapidamente respondemos que esse "eu" é o nosso corpo, o nosso cérebro, a nossa mente ou a nossa alma. Mas vamos investigar essa questão com cuidado e completamente antes de respondermos.

EXPERIMENTO: Sente confortavelmente da forma que preferir. Traga a sua atenção para os seus pensamentos (conceitos, emoções, sensações e assim por diante). Observe bem cuidadosamente o ponto de ocorrência, isto é, onde o pensamento começa, onde declina e onde finaliza. De onde vem um pensamento e para onde ele vai? Há algo que está estimulando, gerando ou construindo um pensamento? Há algo que conecta diretamente um pensamento ao próximo que não seja um novo pensamento que tem como conteúdo o conceito de conexão?

EXPERIMENTO: Sente confortavelmente da forma que preferir. Traga a sua atenção para os seus pensamentos. Você consegue observar o que é que lhe dá um sentido de propriedade com relação aos pensamentos que ocorrem? O que faz um pensamento, um sentimento ou uma sensação de "eu"? Esse "eu" é uma forma de pensamento, um aspecto de cada pensamento conforme ele ocorre, ou algo totalmente diferente?

E se a nossa existência é simplesmente o surgimento de um pensamento em um campo de consciência? A natureza do pensamento consiste em dividir o mundo, e essa divisão cria pelo menos a aparência de um sujeito ("eu") – objeto ("você") no mundo. Em consideração a si próprio, o pensamento novamente se divide em sujeito e objeto, pensador e pensamento.

O pensamento pensa desse modo.

Que essa é a sua natureza inerente.

O pensamento não pode pensar em nenhuma outra estrutura.

E se a idéia de uma entidade central pensando for apenas uma outra idéia? A vida parece um pouco diferente a partir dessa perspectiva?

Ela parece um pouco diferente para os físicos quânticos, que nos dirão que a idéia de encontrar a localização de algo é inútil, especialmente esse "eu" evanescente. No mundo da física quântica, a localização de todos os modos é um tanto suspeita, já que as partículas, uma vez tendo interagido entre si irão sempre se afetar mutuamente sem considerar o quão distante possam estar umas das outras. Elas são essencialmente inseparáveis, ainda que separadas no espaço, e a sua conexão é claramente mais rápida do que o universo físico conhecido pode conceber. Isso parece implicar uma conexão que está além do tempo e do espaço, uma conexão que faz com que algo que parece ser dois não possa ser claramente dividido em dois.

Esses físicos, os magos dos dias modernos, podem constatar que o próprio ato de medir, de ver a localização de uma partícula, altera a partícula. Eles apontam para um universo que não é feito de partículas com pontos separados de localização agindo um no outro, mas para um tipo de sopa cósmica, onde as partículas são energeticamente inseparáveis e sua localização e comportamento existem somente em probabilidade.

Dado o aparente caos do universo físico e a dificuldade de encontrar onde cada coisa está ou mesmo separá-la de qualquer outra coisa, não é de surpreender que tenhamos inventado a nós mesmos e que tenhamos nos agarrado inflexivelmente à idéia do "eu" desde então. Caso contrário, nós nunca chegaríamos no escritório no horário certo, nem sequer faríamos alguma coisa.

Fora dessa sopa indivisível, algo próximo à aurora da era humana e fora da realidade pré-intelectual do mundo natural, nós nos tornamos autoconscientes.

Esse não foi um momento de descoberta. Foi um momento de invenção.

O pensamento organizou a sopa em partes. O pensamento inventou o pensador e, desde que o pensador tem que estar em algum lugar, o lugar para o pensador residir se tornou o corpo.

O corpo não é a mente, a mente não é o corpo, o pensamento afirmou.

O pensamento, uma vez que não podia pensar em partes indivisíveis, pensou em termos de uma dicotomia mente/corpo. Como esse conceito se desenvolveu através da história, através da acumulação e do aprimoramento do pensamento, organizando as mudanças com o tempo, nós desenvolvemos paradigmas que expressavam essa visão dividida.

A medicina terminou por tratar dos sintomas, das doenças e dos ferimentos tal como as doenças "mentais". Esses foram encontrados no corpo ou na mente. Apenas como marco, permaneceu a noção de que não havia nenhum corpo separado, separado da mente, separado da família, separado da sociedade, separado do mundo natural.

A invenção do corpo permitiu que se desenvolvessem as complexas práticas teológicas, filosóficas e religiosas. Nós não estamos mais vivendo a vida; agora estamos encapsulados em um corpo tentando encontrar o nosso caminho de volta para o Éden. Nós tivemos os nossos impulsos e prazeres para superar e as nossas austeridades para praticar. Com a invenção do corpo, criamos muito mais do que uma casa para o pensador, porque nós também concomitantemente inventamos o espírito ou alma. Você não pode ter um corpo tendo um não-corpo, o oposto, o aspecto etéreo de algo que uma vez foi um todo.

Com a criação do corpo/espírito, nasceu verdadeiramente o dualismo. Antes disso nós tivemos o relacionamento instintivo com o mundo natural, os apetites e as reações que a vida traz para qualquer coisa que viva. Mas uma vez que tivemos um mundo dual, um mundo de "eu" e "você", de corpo e mente, de corpo e espírito, de espírito e mente, nós tivemos um zigoto que se dividiu rapidamente pronto para nascer, como a realidade complexa na qual existimos hoje em dia.

Essa realidade, esse mundo de conceito, é um mundo destituído de contato com qualquer coisa real e com tudo que é simbólico. Nós criamos esse mundo com os nossos pensamentos, e contatamos com ele em nossos pensamentos. Nós esquecemos que existe alguma coisa a mais. Esquecemos individualmente e esquecemos culturalmente.

Mas apenas porque nós habitamos nesse mundo conceitual e esquecemos que alguma outra coisa já existiu, isso não significa que nada mais exista.

Tudo que não é esse mundo conceitual, esse sonho vívido de expressões de pensamento, está lá, esperando, em silêncio e tranqüilo.

Porque esse silêncio não é captado pelo pensamento, ele não está dividido. Porque ele não é dividido, ele inclui o pensamento. Ele não é o pensamento, ainda que ele inclua o pensamento.

Nós teremos que pensar um pouco sobre isso por enquanto.

EXPERIMENTO: Use a sua função de pensar para analisar as afirmações seguintes. Preste bastante atenção aos estados de mente/sentimentos que ocorrem quando você luta com estes *koans* como frases sintetizadas dos místicos clássicos:

O silêncio inclui o pensamento, mas não é o pensamento.

Aquilo que está sendo observado é o que está sendo procurado.

O pensador é o pensamento.

Se você encontra a resposta, não é a resposta.

A sua mente tende a fugir da contemplação do pensamento a respeito dessas afirmações? O que acontece com o pensamento quando se depara com o paradoxo, a contradição, ou a consideração não-linear? Se a sua mente é capaz de lutar com essas afirmações, o que está ocorrendo no espaço em torno do pensamento enquanto a mente está ocupada?

O reconhecimento da limitação do pensamento, de sua natureza dividida e emaranhada, material conceitual de nossa realidade diária, é propriamente um *koan.*

O que é o silêncio que inclui toda essa ideação mas não é isso?

Essa pergunta não está aqui para ser respondida com mais um conceito.

Essa pergunta é o som de um pensamento pensando... sem um pensador.

O som de um pensamento pensando é realidade.

O som de um pensamento pensando é meditação.

Isso é meditação de realidade. Nós estamos pensando sem aceitar a crença em um pensador. Nós estamos sentindo sem a crença em um "eu" que está gerando o sentimento. Nós estamos sem a doutrinação de um agente. Nós estamos vivendo em pleno contato com a simples realidade da vida. Estamos vivendo sem a suposição inconsciente de que existe um eu separado que reside em nosso corpo, anima a nossa mente e procura por nosso espírito.

Iluminação – Indo Além da Meditação e Até a... Vida!

A idéia de iluminação é um dos maiores fardos e um dos mais assustadores obstáculos em nossa vida espiritual.

À medida que se desenvolve é impossível de ser alcançada.

Nós não podemos chegar lá.

Nada leva a esse céu de realização, passando por esse particular tormento da iluminação – pessoas ricas, pobres, camelos, tudo é o mesmo. A iluminação exige a total extinção do eu. Esse é o mesmo "eu" que está tentando alcançar a iluminação. Esse fato é o grande problema.

Nós podemos lidar com isso de algumas maneiras diferentes.

Nós podemos nos render à graça ou acreditar nela – uma barganha justificada que esperamos que funcione. Mas nós não estamos tão certos que funcionará.

Nós podemos sentar em nossa almofada do tempo, meditar e "praticar" do mesmo modo que uma mente iluminada supostamente faria, e dando-nos um período curto de tempo, ou seja, cem mil vidas para conseguir fazer isso direito. Esse é um compromisso de tempo considerável, e com nossas vidas ocupadas, quem pode realmente ter condições para bloquear uma centena de existências, ou quem sabe umas cem mil vidas?

Nós podemos seguir um instrutor carismático que irá presumivelmente partilhar conosco essa coisa chamada iluminação através de sua presença, de seu toque, de seu olhar – sim, isso realmente acontece – (ao beber a água suja da banheira do guru).

Presumindo que deixemos a banheira para o resto dos devotos, será que esse tipo de pensamento mágico realmente se insere nessa era pós-moderna? Vale ressaltar que os instrutores carismáticos geralmente tiram todo o seu dinheiro, porque você não precisará dele, uma vez que você irá se tornar iluminado, mas eles precisam do dinheiro, mesmo que já presumidamente estejam iluminados.

Isso faz sentido? Não precisa fazer. A iluminação não é racional, não é mesmo?

Podemos simplesmente agir de forma iluminada o tanto quanto possível, e saber que provavelmente nós somos, de fato, iluminados, mas somos muito humildes para pretender que seja assim. Isso exige que sejamos realmente frios em situações tensas, que tenhamos um gracioso guarda-roupas bege com nenhuma coloração mostarda, que sejamos suficientemente esclarecidos para dizer apenas coisas profundas, ou pelo menos enigmáticas. Esse enfoque é difícil de manter, então vamos deixá-lo para a atuação dos artistas. Já existem alguns atos verdadeiramente grandes lá fora.

Podemos tornar-nos anticristos iluminados, começar a fumar, usar preto, fazer muitas tatuagens, colocar *piercings* e ser tão cínicos a respeito de tudo que ninguém irá se preocupar se somos iluminados ou não. Nós tampouco nos preocuparemos com isso. O problema está resolvido.

Mas por que esse problema ainda existe? Quem nos vendeu a idéia da iluminação? E por que a compramos?

A iluminação é um *meme* clássico e poderoso.

Memes são aqueles conjuntos de conceitos desagradáveis, que se auto-reproduzem, descritos pelo zoólogo Richard Dawkins em *The Selfish Gene.* Quando analisamos os *memes,* estamos considerando a qualidade contagiosa que permite ao pensamento copiar de cérebro para cérebro de um modo sempre crescente. Alguns feixes de pensamento são copiados melhor e mais rápido do que outros. *Memes* são um modo de pensar sobre o pensamento muito similar ao que um geneticista pensa sobre os genes.

Se os *memes* não se espalham de cérebro a cérebro, eles morrem. A corrente virulenta de letras do pensamento que são os *memes* demandam aderência e reprodução. O seu único propósito é mover-se na sobrevivência do mais apto no mundo do pensamento.

A teoria do *meme,* admitidamente uma perspectiva horrível em nossa vida, em si mesma não funciona bem na luta darwiniana para encontrar cérebros hospedeiros. Não está se espalhando rapidamente por meio da multiplicação de seus seguidores. Os que estudam os *memes* estão sendo considerados somente por uns poucos e esparsos acadêmicos e intelectuais. Existem simplesmente muitos *memes,* mas não há hospedeiros suficientes.

Em contraste, a teoria do *meme* sugere que a religião, a rainha das categorias dos *memes,* está engolindo populações inteiras, que estão se reproduzindo rapidamente, criando novos aderentes. As grandes religiões têm todos os componentes que forçam a reprodução de suas crenças particulares. Encorajando taxas de nascimento elevadas, recompensando o proselitismo e punindo os desvios da crença, reforçando as crenças estabelecidas em crianças e evitando aqueles que se desviam do caminho – esses são apenas alguns dos atributos dos *memes* das religiões bem-sucedidas. Algumas religiões prosperam, outras não. A teoria *meme* explica por que a fileira dos mormons é a religião que cresce mais rapidamente nos Estados Unidos (muitas crianças, cada um é um missionário, e nunca tentam abandonar a fé), e os *shakers* estão se tornando como uma nota de rodapé da história (sem sexo, sem crianças, sem missionários, com uma bela decoração).

Isso nos traz a idéia da iluminação. Esse *meme* particular é de certa forma um subativador na categoria da religião *meme.* Não tem a instantaneidade da vinda do Messias ou o fervor de nascer novamente. Certamente não se compara a um motivador como a boa Guerra Santa. A iluminação nunca será um alto competidor na competição *meme.*

O chamariz para a iluminação é simples e se apresenta da seguinte forma: *Você está em conflito e sabe disso. Há um estado mental no qual você não terá que estar em conflito. Esse estado é a iluminação, e ela poderia teoricamente acontecer a qualquer momento. Mas provavelmente não acontecerá no próximo momento, porque você está simplesmente carregado com pensamentos e hábitos confusos e levará um tempo tremendamente longo para desembaraçar toda essa escória mental. Provavelmente muitas vidas. Será que mencionamos muitas vidas, reencarnação e todas essas coisas? É por isso que você guarda tantos refugos. Você vem acumulando isso por... , e talvez para sempre. Isso lhe tomará muito tempo para consertar. Mas, no final, presumindo que você siga essas práticas durante um período um tanto longo, você irá se iluminar, sem dúvida – e a dúvida é uma das limitações das quais temos que nos livrar. Estar iluminado, por assim dizer, significa que você não terá que lutar para ser algo diferente do que você é, e mesmo a idéia de iluminar-se irá desaparecer. A luta, a meditação e tudo o mais serão realmente interessantes, revitalizantes e valiosos. Enquanto isso, tenha uma vida agradável.*

A força da iluminação é também a sua fraqueza. Todos nós sabemos que estamos em conflito nos nossos relacionamentos, no nosso trabalho, no nosso sentido de eu, no temor de nossa própria morte, ou apenas no desgaste do viver do dia a dia. Esse é um grande incremento para a reprodução da iluminação *meme.* A iluminação *meme* diz que estamos em conflito, mas sugere que há um jeito de sair do conflito, e nos diz como encontrar o caminho para sair disso. A recompensa é o fim do conflito: paz, *satori,* consciência cósmica, iluminação. Isso é algo bom. Deveria se espalhar como um fogo selvagem.

Mas aqui está o problema. O caminho para sair não é tentar livrar-se do conflito. Tentar é a própria natureza do nosso conflito, e aqui nós estamos tentando nos livrar de tentar. Tudo o que nos resta é ficar tranqüilos em relação ao movimento da mente.

Se nós compramos a idéia da iluminação *meme,* a compramos com esforço, com movimento, indo a algum lugar diferente daquele no qual estamos. Mas se nós estamos interessados na iluminação propriamente dita, então estamos prontos. Nós somos o que somos, onde estamos, sem tentar fazer algo diferente. A iluminação *meme* morre conosco. Não há nada para reproduzir, porque não há nada a fazer.

Nós recebemos cartas circulares, mas quebramos a corrente.

A iluminação é uma idéia, um mito que toma posse de nós a partir da história de alcançar algum lugar além da realidade de onde nós estamos. Esse conceito de iluminação, que chegamos a aceitar sem questionar, é um companheiro irritante em nossa vida, ele é o nosso maior crítico, que constantemente solapa a nossa capacidade de simplesmente ser.

Como podemos apenas ser, quando deveríamos ser melhores?

Se nós queremos a iluminação, então não vamos esperar umas cem mil vidas para isso. Vamos ter isso agora, erradicando todo traço de iluminação *meme* do nosso ser. E se nós insistimos nas cem mil vidas, será que podemos ser honestos e admitir que temos outras idéias? Nós alcançaremos a iluminação quando estivermos fazendo o que nós de fato estamos realizando com a primeira das nossas 99.999 vidas.

Santo Agostinho foi direto em sua prece a Deus pedindo pela iluminação: "Dê-me pureza e domínio de mim mesmo, mas não me dê isso ainda." Santo Agostinho estava sendo honesto. É por isso que ele foi um santo. A maioria de nós não é santo.

A iluminação é a nossa desculpa para viver no tempo, para viver a partir do pensamento e navegar a nossa vida a partir de uma perspectiva autocentrada. A iluminação estará sempre lá fora no tempo, nunca aqui, nunca agora. Isso é conveniente.

Se não há iluminação alguma, então tudo o que temos é a realidade da nossa vida. Isso não é conveniente.

Se não há iluminação, então somos impelidos com toda a força a bater contra... nós mesmos.

Se a iluminação existe é algo realmente muito especial que apenas um em um número infinito de pessoas a alcança. Para nós levará um longo tempo. De fato, nenhum de nós poderá se iluminar dentro da escala do tempo conhecido, e nós viveremos muito mais as nossas vidas do jeito que gostamos com a simples desculpa de que a iluminação não é para essa vida.

Mas se não há iluminação alguma, então nós todos somos completamente responsáveis agora.

Nós temos dois *submemes* competindo: a iluminação agora, com responsabilidade completa e imediata, ou a iluminação posteriormente, com a mesma responsabilidade, mas felizmente muito depois. É agora ou depois.

Uma iluminação futura ganhará rapidamente a guerra darwiniana pelo domínio do *meme*. A mente adora a procrastinação.

Mas aqui está o obstáculo. O movimento do pensamento ocorre em um campo da consciência, e a observação desse movimento transforma essa consciência.

Nossa consciência desses conceitos opostos de iluminação os modifica. Nós fizemos um trato com a futura iluminação para termos umas mil vidas de indulgência, mas uma vez que estamos conscientes de nossa irresponsabilidade, o nosso trato não funciona tão bem.

Indulgência requer inconsciência.

A busca por iluminação requer inconsciência.

Nós agora estamos conscientes disso tudo. Não estamos mais inconscientes.

Mas ainda essa nova compreensão não é suficiente.

O nosso ponto de vantagem até mesmo distorce o ideal de estar presente e de ser responsável como expressão da iluminação. Depois de tudo, se estamos presentes e somos responsáveis, parece haver muitos outros que estão presos à irresponsabilidade e ao tempo.

Nós não somos eles.

Nós somos melhores, no momento, responsáveis, separados – e atolados.

A luz da consciência brilha no confuso emaranhado da nossa pretensiosa presença no agora. Nós podemos ver isso pelo que é – o tipo de apego à perfeição que somente um buscador espiritual sofisticado poderia criar.

Nós pensamos que se estivéssemos presentes e fôssemos responsáveis, seríamos perfeitos.

Nós pensamos que se fôssemos perfeitos, nós estaríamos iluminados.

Nós pensamos que se estivéssemos iluminados, estaríamos a salvo.

Agora nós vemos que não somos perfeitos e tampouco iluminados.

A consciência, o campo de consciência no qual todas as nossas estruturas de pensamento surgem e decaem, fragmenta o mundo de conceitos competitivos e de posturas espirituais. Isso fragmenta a própria iluminação.

A consciência é uma dura bofetada na face de um buscador espiritual histérico, obcecado e com pouco controle. A consciência diz: *Rompa com isso. Você não encontrará vida na meditação, não importa o quanto você se torne espiritualmente sério e perfeito. A meditação é a realidade, é a própria vida, tal como ela é. Ilumine-se.*

Nós entramos em contato direto com as estruturas da nossa mente. Não há nenhuma iluminação. Não há nenhuma inconsciência. Não há nenhum julgamento do que é bom ou ruim, certo ou errado.

Existe apenas o que é.

E o que é, somos nós.

A NÃO-PRÁTICA DA MEDITAÇÃO DE REALIDADE

Quando nos encontramos simplesmente com nós mesmos, despojados da maioria de nossas idéias prediletas sobre espiritualidade e despojados até mesmo de um sólido sentido de eu, nós estamos em contato direto com a vida.

Esse contato é a única meditação que está livre de um objetivo, livre de uma promessa, livre do nosso eu.

Antes disso, meditávamos para ficar melhores, para mudar, para realizar, para escapar. Agora nós meditamos porque isso é tudo que existe. Inteiramente sem preferências e sem motivos.

Nós costumávamos sentar para meditar, por um tempo determinado, realizando uma prática específica. Agora estamos meditando onde quer que estejamos, e no que quer que estejamos fazendo.

A meditação de realidade não é uma prática.

Não é um ensaio da vida. A prática não cria a perfeição.

Ela é a própria ação, não ensaiada, não preparada, crua, refrescante e vital.

A não-prática faz a imperfeição, e a imperfeição é perfeitamente boa.

Esse é o modo como somos, na realidade.

Nós cantamos ópera no chuveiro quando não há críticos para ouvir, e a grandeza artística chega a todos nós pelo fluxo da água corrente. Então nós lembramos quem somos, o quanto estamos atrasados para o nosso compromisso e que nós, realmente, não sabemos cantar. Começamos a prática da nossa vida novamente, e a nossa não-prática da meditação de realidade se desvanece.

Ainda que essa intrusão de pensamento seja a realidade – a pressão do julgamento, a corrida do tempo, a insistência do pensamento neurótico, é a natureza da nossa realidade agora.

Sem esforço ou ação, encontramo-nos meditando nessa realidade. A meditação de realidade tornou-se o fato, tal como é, seja lá o que for, o acordar para o sonho dentro do sonho.

O sonho vai embora, mas nós estamos plenamente acordados para isso.

11

A Respiração e o Corpo na Realidade

O espaço é quase infinito. Na verdade, pensamos que ele é infinito.

Dan Quayle

A Singularidade Nua e o Espaço Quase Infinito

Uma vez que exploramos a natureza das nossas mentes por meio da meditação, inevitavelmente entramos em contato com o mundo misterioso do nosso corpo. Nós sabemos bastante sobre o nosso corpo e, de repente, descobrimos que sabemos bem pouco a seu respeito. Somos motivados pelos impulsos e desejos do corpo. Nós nos identificamos intimamente com as dores e os prazeres do corpo. Se há algo no mundo que conhecemos sem uma sombra de dúvida é a nossa identidade, o nosso próprio ser, os nossos corpos.

Mas será que somos os nossos corpos?

A biologia diz que somos o corpo. A religião diz que não somos. A ciência e a filosofia têm feito uma dança entre elas sobre essa questão através dos séculos, algumas vezes concordando e, muito freqüentemente, discordando. A ciência contemporânea (por exemplo, a física quântica) está se afastando do ponto de vista puramente material, enquanto que a filosofia (humanismo secular) está se dirigindo para ele. A pseudociência (por exemplo, algumas formas de psicologia) está voltada para ambos, lidando com a nossa mente, que é supostamente material (localizando-a no cérebro) e não-material (identificando as suas chamadas aflições no comportamento, na neurose, nos conflitos do ego e assim por diante).

Nós queremos muito que o mundo tenha sentido. Seria tão bom se o mundo tivesse sido criado por um *Big-Bang* há tanto tempo, que houvesse tempo suficiente na imensidade da história para que o simples acaso criasse a forma de vida complexa e interligada que temos agora. Nesse caso, os nossos corpos seriam o resultado do processo de seleção natural e o apogeu da evolução. Mas nós podemos realmente acreditar na história? Não há alguma coisa além da explosão massiva da matéria em funcionamento aqui?

Os físicos e os astrônomos não conseguem concordar exatamente. Só um punhado de pessoas pode verificar o seu trabalho. O seu trabalho consiste fundamentalmente de cálculos matemáticos, e já que muitos de nós não conseguem sequer saber o saldo exato da nossa conta bancária com qualquer grau de precisão, temos preocupações *intuitivas* com as explanações baseadas na aritmética.

Nós sabemos que existem três grupos de pessoas no mundo, o dos que sabem fazer contas e o dos que não sabem. Temos certas suspeitas em relação ao grupo que consegue utilizar bem os números, ou pelo menos em relação ao grupo que pode usar os números tão bem que não temos nenhuma idéia do que eles estão fazendo.

Um outro problema que temos com o paradigma científico é que a história muda a cada poucos anos. Recentemente um daqueles poucos que sabem, de fato, avaliou o trabalho de Stephen Hawkings sobre as singularidades nuas, um tipo de buraco negro. Hawking estava errado. A história apresentou as notícias. Todos rimos. *Uma Breve História do Tempo* permanece na nossa estante, esperando que terminemos a sua leitura. E a vida continua.

Nós definimos as singularidades nuas como similares aos buracos negros. Definimos os buracos negros como regiões do espaço que são isoladas do resto do universo, porque nada pode escapar da força gravitacional da massa infinita dentro deles. Nós falamos dos buracos negros como se nós os tivéssemos visto – bem, não é exatamente que os tenhamos visto, uma vez que até mesmo a luz não pode escapar da sua irresistível força – mas pelo menos nós contamos aquela massa infinita no seu interior para ter certeza de que é realmente infinita e não apenas uma grande quantidade. Bem, está certo, não sabemos muito a respeito de todas essas coisas, mas temos o livro do Hawking, e ainda que não o tenhamos lido, nós lemos as resenhas.

Então nos deparamos com aquela história engraçada: Hawking, tendo se equivocado, parabenizou o rapaz que demonstrou que ele estava errado e ainda lhe deu de presente uma camiseta. Hawking concorda, talvez uma singularidade nua seja possível, mas é realmente, realmente improvável. O rapaz havia demonstrado, através de uma suposição no computador, que um buraco negro poderia cair em um único ponto onde o espaço é infinitamente curvo e onde, de certa forma, as leis da física caem também. Isso é muito para os físicos. Isso cai junto com tudo em um único ponto. O único ponto é infinitamente curvo. É um tipo similar ao buraco negro. Nós estamos seguindo isso, é o que pensamos.

A camiseta que o Hawking deu ao rapaz que demonstrou que ele estava errado diz o seguinte: "A natureza detesta uma singularidade nua". Nós rimos muito de tudo isso. Uma singularidade nua é como um buraco negro, então nós supostamente achamos tudo isso engraçado.

Depois começamos a ter um sentimento estranho. Se Hawking está errado a esse respeito, com relação ao que mais ele está errado, e quem vai verificar o que ele diz? Quem vai avaliar a informação dada pelo rapaz que verificou que Hawking estava errado? Como eles podem mudar a sua história tão freqüentemente, e as pessoas ainda continuarem a levá-los a sério? Um único ponto onde o espaço é infinitamente curvo? Está nos jornais, na revista *Time*. Se nós acreditamos nisso, podemos acreditar em qualquer coisa.

Por que não acreditar em Deus? Deus criou o universo em toda a sua complexidade. Deus criou Stephen Hawking e o rapaz que provou que ele estava errado. Se há singularidade nua, foi Deus que a criou também. Deus até mesmo aparece na capa da revista *Time* de tempo em tempo. Aqui também não há nenhum modo de testar a matemática. Nós podemos acreditar nisso. É tão razoável quanto a física quântica.

Nós poderíamos acreditar que a Atlântida afundou no oceano há milhares de anos. Nós poderíamos acreditar que um arcanjo está sendo canalizado ou que alguns mestres ascensos estão falando por intermédio de um número qualquer de indivíduos que só se destacam por esse fato. Podemos acreditar em qualquer coisa.

Se vamos explorar a natureza do corpo, não podemos ficar presos à batalha das idéias, à dialética do materialismo *versus* o espiritual, ou a quaisquer das inúmeras crenças que herdamos como parte de nossa cultura ou de nossa educação. Isso é fácil de dizer, mas difícil de fazer.

O QUE É ENTÃO O NOSSO CORPO?

A nossa exploração do corpo é geralmente a descoberta e a investigação de nossas idéias sobre o nosso corpo. Sem essas idéias obscurecendo a nossa visão, talvez possamos ver o que os nossos corpos são de fato. Todos nós iniciamos sem o nosso corpo. Em algum lugar do percurso, adquirimos um corpo. É muito interessante, se realmente considerarmos isso.

Nós começamos a nos desenvolver como parte do corpo de nossa mãe, e somente com um grande período de tempo e um esforço biológico, nós nos individualizamos. Somos jogados para fora do útero de nossa mãe e, de repente, temos um corpo nosso. Antes de deixar o corpo da nossa mãe, nós tínhamos compartilhado tanto com ela que nenhum de nós estava certo de onde encontrar a linha divisória. Agora está claro.

Nós estamos com frio, com fome e cansados. Nós choramos. O calor chega, o peito e o sono. Nós acordamos. Estamos molhados, com fome e cansados. Chegam as fraldas secas, o peito e o sono.

O corpo é o nosso único contato com o mundo. O nosso corpo é o mundo. Não é de fato uma vida ruim, e nós estamos certamente descansando muito.

Mas essa história produz uma trama mais complexa.

Logo estamos experimentando as necessidades urgentes da exploração. A nossa mão se move. Como isso aconteceu? Ela se move de novo. Agora fomos nós que a movemos. Logo podemos movê-la a qualquer hora que queiramos. E em seguida aprendemos a acenar com ela. O corpo surgiu como a nossa expressão para o mundo, não apenas como o nosso ponto de contato com o mundo. O corpo não é mais do mundo, mas o nosso lugar no mundo. O corpo tornou-se o apoio através do qual a alavanca da nossa mente começa a mover o universo ao nosso redor.

Essa divisão dos mundos interno e externo mediada pelo corpo – o mundo interno do pensamento e o mundo externo material – é reforçada pelo surgimento da linguagem. A linguagem determina um modo de categorizar, manipular e controlar o mundo ao nosso redor através da expressão do mundo interno dos nossos pensamentos. Nos primeiros anos da nossa vida, a linguagem explode em nossa consciência e com isso a nossa realidade é alterada para sempre.

Nós aprendemos a dizer "não". Descobrimos o "eu quero" e o "meu". Somos expulsos do Éden. Ficamos soterrados pela linguagem, a inocência tragada por um condicionamento milenar, tanto cultural quanto biologicamente. Depois de tudo, toda palavra tem uma história. Nenhuma palavra é pura. Nós nos contaminamos quando utilizamos as palavras.

Na medida em que o nosso mundo começa a se envolver cada vez mais com a linguagem, várias coisas acontecem. Nós esquecemos o estado pré-linguístico, que não estava dividido pelo pensamento. Submergimos numa realidade baseada na linguagem com todos os seus condicionamentos inerentes, e essa realidade torna-se a nossa única realidade.

E como o nosso mundo torna-se verbalizado, perdemos o contato primário com o nosso corpo.

EXPERIMENTO: Sente-se. Fique um certo tempo em um lugar tranqüilo, sem qualquer distração e sem qualquer idéia definida sobre o que você está fazendo, e apenas permaneça ali. Preste atenção para o que você pode encontrar em seu corpo e em que parte a sua mente atua gerando idéias sobre o seu corpo. Qual é a realidade da experiência com o corpo?

EXPERIMENTO: Sente-se com os olhos fechados e coloque a sua atenção no seu corpo, iniciando no topo de sua cabeça e indo vagarosamente para trás e para frente através do campo de sensação que você conhece como seu corpo – dirija-se às extremidades do seu corpo e volte novamente.

Quando você se tornar consciente de alguma coisa nesse mundo interno, preste atenção a isso até que se altere ou desapareça. Mova-se através de todo o corpo, ou de qualquer parte dele, até que sua concentração se dissipe. O que é o corpo e o que é a mente nesse mundo? Qual a realidade daquilo que você descobriu?

EXPERIMENTO: Deite-se confortavelmente. Relaxe. Quais são as barreiras para o relaxamento completo? Quais são as tensões físicas ou mentais? Onde elas estão? Será que estão em seu corpo ou em sua mente? Onde está o seu corpo ou a sua mente? São a mesma coisa ou são diferentes? Se você dormir durante essa investigação rigorosa, poderá apreciar um dos efeitos colaterais mais agradáveis na investigação da vida. Desfrute a sua soneca. A propósito, o que é dormir?

O Corpo Como Um Depósito de Resíduos Tóxicos

Os conceitos físicos são criações livres da mente humana; e, apesar das aparências, não são determinados apenas pelo mundo externo.

Albert Einstein

A complexidade da nossa estrutura de pensamento amortece o nosso contato sensorial direto com o mundo. Podemos discernir vagamente a realidade das nossas impressões corporais em meio aos nossos comentários mentais. Sentimos todos os prazeres e todas as dores, exceto que são agora interpretados pelo nosso intelecto borbulhante, pela nossa coleção cada vez maior de pensamentos, idéias e palavras.

Marcamos um horário no dentista porque estamos com uma dor de dente. Temos dor mas também uma grande aversão por ir ao dentista.

A dor de dente somou-se ao medo e à aversão.

"Eu não quero ir ao dentista" e "Eu odeio dentistas".

Nós podemos acrescentar uma camada ou duas de ansiedade a isso.

"Eu não pude dormir a noite passada, pensando na hora marcada com o dentista."

Some-se a isso uma porção de culpa.

"Eu não deveria me sentir tão ansioso, isso não é normal."

Some-se ainda alguma tensão, um sedativo e alguns calmantes. A broca começa. Será que estou com dor? Não. Bem, não exatamente. Há uma diferença entre suprimir a consciência da dor e não sentir dor. O dente está sendo perfurado. Nós simplesmente não sentimos. O buraco está lá.

E a mente armazenou a aversão, a ansiedade e a culpa como memória, como sofrimento psicológico. Mas nós simplesmente esqueceremos isso. Nós ocultaremos isso tudo.

Não queremos entrar em contato com o nosso corpo no dentista ou em qualquer outra hora que haja dor – qualquer tipo de dor – física ou psicológica. Isso parece perfeitamente razoável. Estar sem dor significa felicidade, não é mesmo?

Não exatamente.

Será que quando negamos a presença do conflito em nosso mundo mental ou psicológico, o buraco não continua lá? O estrago está feito. A dor foi armazenada, esperando pacientemente para ser experimentada. O depósito é o nosso corpo. O corpo guarda a experiência e a segura firmemente. Durante determinado tempo o corpo é jovem e flexível, depois se torna curtido pela idade e pela experiência, ficando sem reação, sem flexibilidade, incapaz de mudar e aprender.

Tal como nós. O que significa dizer, da mesma maneira como nós nos identificamos com as nossas mentes. Os nossos corpos conservam a nossa dor, as nossas memórias conservam a nossa dor, mas nós, o inefável "eu", não temos que experienciar a dor.

Certamente estamos enganando a nós mesmos. Nós não escapamos da dor. Ela vem na forma de doença, infelicidade, tédio, relacionamentos fracassados e em milhares de outras formas. Ela surge pelo tormento gradativo de uma existência sem contato profundo com a essência de nossa vida e na expressão aguda do medo da morte e da doença. Nós podemos correr, mas não podemos nos esconder.

A dor é uma de nossas companhias na vida e, em lugar de experimentá-la, nós a ocultamos profundamente em nossos corpos.

Tal qual resíduos tóxicos, a dor pode ser transportada, encapsulada, enterrada e esquecida, mas, por fim, ela surgirá borbulhando na superfície da nossa vida com mais veneno do que quando nós a ocultamos.

Formamos verdadeiros labirintos de construções mentais para evitar a dor psicológica. Nós nos escondemos dentro dessas criações conceituais, dentro dos nossos corpos encouraçados. Nesse mundo que construímos, a negação, o esconderijo, o corpo aprisionado tornam-se a nossa única realidade.

O medo da dor tornou-se a dor, e essa dor tornou-se a nossa realidade.

O medo e a dor não podem conceber nada mais. Libertar-se desse estado de contração torna-se uma ameaça. Nós resistimos a todas as tentativas de liberar-nos do nosso mundo, porque perdemos de vista qualquer alternativa.

Em algum momento em nossa vida passada, talvez tenhamos vislumbrado a busca pelo prazer como uma alternativa. Tão ativamente quanto evitamos a dor, procuramos o prazer. Ao mesmo tempo que o nosso corpo estava guardando a dor que queríamos evitar, estávamos aprendendo os desejos ardentes do apego ao prazer.

O corpo pode experimentar o prazer, mas ele não pode desejá-lo, ele não pode ceder a ele, ele não pode ser conivente com o seu aumento. A mente deve fazer tudo isso. Para o corpo, o prazer é o simples fato de uma experiência particular. Para nós, para o conjunto de conceitos que organizamos como o nosso "eu", o prazer é muito mais.

Para nós, o prazer é a razão de ser, o impulso para tornar-se, a recompensa pelos nossos esforços, o consolo depois de nossos fracassos. O prazer não está neste momento. Ele está sempre no próximo momento ou no último momento. Nós treinamos os nossos corpos para lembrar e para antecipar. Ampliamos a nossa memória no desejo. O desejo precisa ser satisfeito. Nós fazemos o que for preciso para satisfazer os nossos desejos. Cedemos até que estejamos satisfeitos. Mas o estranho a respeito do prazer é que não estamos nunca satisfeitos. Nós estamos freqüentemente saciados, mas nunca satisfeitos.

Na manhã seguinte, na próxima hora, no próximo momento, nós queremos isso de novo. Nós queremos mais, melhor, de uma forma melhor, mais forte, mais elevada ou mais freqüente. Nós queremos. O querer está armazenado no corpo. O corpo deseja açúcar, cafeína, nicotina, comida, álcool, cocaína, dinheiro, sexo, endorfina e assim por diante. O desejo nunca está satisfeito. O desejo é uma irritação constante. Não tem fim. Nós não podemos nem sequer pensar em uma vida sem o desejo.

Temos medo de não conseguir o que queremos. É doloroso experimentar a falta ou mesmo a possibilidade de que irá faltar aquilo que nos dá prazer. Essa busca pelo prazer é dolorosa. Nós devoramos o prazer tão rapidamente quanto podemos, e dificilmente o experimentamos, buscamos mais, em pânico, desesperados e com dor.

O prazer é dor.

Os resíduos tóxicos estão borbulhando.

EXPERIMENTO: Tente por um dia responder diretamente aos sinais de seu corpo. Se o corpo está com fome, coma; se está com sede, beba; se está cansado, durma; e assim por diante. Nós geralmente levamos o corpo para as criações da nossa mente. Alimentamos o nosso corpo com alimentos extravagantes destinados a estimular o nosso gosto, quer estejamos com fome ou não, ingerimos cafeína quando temos que impressionar ou desempenhar algo, deixamos a fatiga para trás para conseguir fazer tudo em um dia. E se nós deixássemos o corpo dirigir as nossas atividades por um dia? Por uma semana? Por um mês?

EXPERIMENTO: Tente por um dia deixar o corpo responder diretamente aos sinais da mente, sem o controle e sem as limitações da mente. Quando a mente sentir medo, deixe o corpo correr ao invés de ficar sentado e tenso. Quando o corpo estiver com raiva, deixe ele gritar e se expressar, ao invés de armazenar a raiva em seu interior. Quais são os limites do passado que fazem com que não permitamos que o corpo prossiga? A violência? Avanços sexuais? Expressões físicas inaceitáveis socialmente? Observe o que acontece quando nós atingimos esses limites. Onde se encontra a ação que nos fez parar e não continuar adiante?

EXPERIMENTO: Investigue as doenças de seu corpo. A maioria de nós tem em formação alguma doença, estresse, áreas de dor ou disfunção em nossos corpos. Qual é a origem disso em nosso corpo? Será que você está prendendo essa doença ou esse estresse de uma forma fixa? Ou você está tratando de evitá-los? Será que você incorporou isso seu sentido de "eu"? Será que você sentiria falta dessas coisas se elas desaparecessem?

O Corpo Como um Sistema de Crença

Não é de surpreender que, com todo esse estresse e conflito acontecendo dentro dos nossos pobres corpos, consideremos mais fácil não avaliar toda a situação.

Ao invés disso, simplesmente acreditamos no que nos foi dito sobre os nossos corpos. Nós temos tantas coisas para acreditar e tão pouca razão para questionar qualquer coisa. É mais fácil desse jeito.

Aprendemos ainda muito cedo que os corpos devem ficar cobertos, porque corpos nus são eróticos, ainda que os adultos, certamente, não nos tivessem dito exatamente dessa forma. Eles falam muito pouco sobre os corpos, e isso mostra toda a sua perspectiva, melhor do que as palavras.

Também aprendemos ainda muito cedo se somos bons ou ruins, magros ou gordos, bonitos ou não. Nós aprendemos como vestir e como nos comportar. Sente calmamente, não toque, aquilo está sujo, fique quieto. Aprendemos a respeito da comida. Termine a comida do seu prato, não coma aquilo, isso é bom para você, espere até o jantar. Nós aprendemos que um corpo doente chama a atenção ou evita a punição. Que alguns corpos são bons para o esporte e outros nem tanto. Que alguns são sexualmente atrativos e outros não.

Aprendemos que o corpo é um objeto que deve ser bonito, mas algumas vezes ele não é. Nós aprendemos que temos cheiro, que nossos cabelos ficam escabelados, que a nossa cintura é muito larga, que os nossos seios são muito pequenos. Que a nossa patética pele é muito seca, muito oleosa, ou, possivelmente, as duas coisas juntas, e que precisa de um bronzeado, se é branca, e de algum milagre para ficar branca, se for escura.

Talvez tenhamos tido a sorte de termos sido uma criança bonita, mas, na adolescência, somos apanhados pela deselegância, da qual emergimos para um momento de beleza juvenil, antes de sermos arrastados e cairmos num longo escorregão costa abaixo para o desalinho da meia-idade, e, finalmente, para a velhice, com os empapuçamentos e as rugas.

Os nossos impulsos físicos e apetites são supostamente restritos à nossa juventude, quando temos energia para realizá-los.

Contudo ainda nos pedem para exibir os mesmos impulsos como uma medida do nosso valor pessoal, quando estamos perturbados e exaustos nos nossos anos mais tardios. O sexo é exigido e temido, fala-se a seu respeito e é tabu, é regulado, racionado e medido durante toda a nossa vida. E assim ocorre com a comida, com as drogas e com o álcool.

Pelo menos podemos ter toda a cafeína que queremos.

Os *Chackras* – Eles Estão Lá ou Não?

Umas das curiosidades que encontramos na investigação do corpo é a idéia dos *chakras.* Esse sistema de centro de energia no corpo tem estado presente de maneira enfática em nossa cultura desde que a sra. Blavatsky fundou a Sociedade Teosófica em 1875 e começou a propagar tais noções. Muito da estrutura conceitual vem do hinduísmo e de várias filosofias da ioga, e a explosão real do tema sobre os *chakras* surgiu nos anos sessenta e setenta com o influxo massivo na cultura ocidental das religiões orientais e dos ensinamentos sobre meditação.

A idéia popular dos *chackras* sugere que há centros de energia que não são físicos, mas são geralmente referidos como físicos. Há uma série de variações, mas a maioria dos sistemas concorda que existe um centro sexual nos genitais, um plexo solar ao redor do umbigo, um centro cardíaco, um centro na garganta e um centro do terceiro-olho no meio da testa. Alguns sistemas acrescentam outros centros de energia na base da espinha dorsal, e uma luz espetacular de um lótus de mil petálas de uma intensa bem-aventurança, localizada na cabeça ou logo acima dela.

A maioria das pessoas pode facilmente captar um sentido de pelo menos alguns desses *chakras*. As qualidades diferentes parecem ocorrer quando focalizamos a nossa atenção em várias áreas dos nossos corpos. Podemos notar que ao encontrarmos uma pessoa irritada, o nosso estômago como que se enrola, mas certamente observamos que temos uma reação diferente quando encontramos uma pessoa agradável que acalenta o nosso coração. Nas mãos de um bom treinador espiritual, esses sentimentos comuns podem ser transformados em um sistema de "pensar sobre" essas experiências que logo nos farão analisar os nossos *chackras* como se eles estivessem lá de forma tangível.

Nós podemos meditar nos *chackras*. Podemos recitar mantras e visualizar os *chakras*. Podemos ler livros sobre os *chackras*. Podemos saber o motivo pelo qual umas pessoas se curam e outras não, baseadas em seus *chackras*. Nós certamente conhecemos pessoas que estão com um *chackra* ou outro bloqueado – sempre irritados, sempre sensuais, ou demasiadamente fixados nesse assunto do terceiro olho.

Mas será que os *chackras* estão lá? Ou não?

Nós realmente tivemos alguma experiência de que eles estão em algum lugar? Existe um *chackra* coronário que vibra em algum tipo de isolamento cósmico em relação ao resto de nós?

Ou será que precisamos uma história para explicar a realidade da experiência, uma história que trará causa e efeito para um mundo que parece caótico e sem causa? A nossa experiência direta ancora na história do *chackra,* e mesmo que seja enfeitada e distorcida como uma lenda, ela nos leva para longe desse contato imediato e nos transporta magicamente para a terra da crença. Aqui estamos protegidos do caos, e somos brindados com um sistema de compreensão muito pouco plausível, porém confortável.

Os especialistas nos contam histórias sobre os *chackras.* Eles são pessoas que têm certeza do conhecimento de como essas energias funcionam.

Eles nos ensinam.

Nós aprendemos.

Eles falam.

Nós ouvimos.

E nós os pagamos.

Esses especialistas em energia mudam muito pouco durante os anos. Onde anteriormente dominavam os exóticos *swamis,* os iogues e os transcendentalistas da Oriente, agora reinam os intuitivos revestidos com roupagem médica, os psiquiatras sensitivos e os curadores da Nova Era.

Eles não nos ensinam como experimentar, mas o que experimentar – e onde experimentar. Nós aprendemos uma nova linguagem, um novo conjunto de conceitos, uma nova forma de interpretar.

Mais uma vez, nós nos desconectamos da realidade.

EXPERIMENTO: Vamos investigar sobre os *chackras.* Sente-se em um lugar tranqüilo. Feche os seus olhos e traga a atenção para a sua respiração. Depois de ter-se concentrado o suficiente, "observando" a sua respiração ir e vir, traga a sua atenção para uma das extremidades de seu corpo, onde você poderá encontrar qualquer classe de energia, concentrada ou congelada.

Mantenha a sua atenção ali e observe as qualidades que parecem ocorrer relativamente à sensação pura, aos sentimentos, às emoções, aos pensamentos e às memórias ou idéias.

Agora encontre o centro energético que está logo "acima" do primeiro. Explore-o da mesma forma. Continue "subindo" no corpo. Em determinado ponto, você sairá do corpo e se encontrará explorando os *chackras*.

Você poderá encontrar três áreas que parecem estar em conjunto, ou sete, ou nove. Ou não observar diferenças nas qualidades gerais dessas áreas. Poderá notar um sentimento que flui como se a sua mente e o que está sendo investigado se movesse de um centro para o outro, ou poderá experimentar o que parece ser uma liberação de energia, de tensão muscular, de tensão da mente ou da memória. Poderá ter sentimentos profundos de terror ou bem-aventurança. É possível ainda que você se sinta cansado, com os joelhos doendo, ou então que tenha o desejo de continuar durante o resto do dia.

Será que você pode ver a realidade do que está ali? Será que existe algo ali?

EXPERIMENTO: Leia qualquer livro sobre os *chackras*. Sente-se, concentre-se e traga a sua atenção para as áreas descritas pelo livro. Você consegue relacionar o que está escrito no livro com essa área de seu corpo?

Tente com mais intensidade.

E agora, você consegue ver? Bom. Não é realmente surpreendente?

EXPERIMENTO: Tente investigar ao invés de reagir aos sentimentos que ocorrem nos relacionamentos em sua vida. Você poderá freqüentemente encontrar pessoas e experimentar a "energia" delas. Por exemplo, você encontra uma pessoa que está brava e sente que o seu estômago se contrai, ou então fala com um amigo adorável que faz o seu coração se expandir. Quando isso ocorre, observe onde a experiência parece estar localizada, onde você a está sentindo. Por que essa experiência particular está ocorrendo nesse contexto? Quando foi que você começou a sentir a qualidade que está experimentando e em que momento ela parou? Será que ela foi transmitida pela pessoa que você encontrou? Ou será que essa experiência pertence a ambos? Será que está acontecendo somente uma coisa que está de certa forma sendo compartilhada por ambos. Com freqüência ficamos presos a histórias que construímos sobre o modo como experimentamos essas qualidades uns com os outros, mas nunca investigamos a realidade. Nós temos a tendência a explicar o que está acontecendo em nosso campo de experiência em termos de sujeito/objeto (i.e., eu encontrei Bob e ele realmente me fez ficar bravo). Como um experimento, comece a investigar esses encontros e mudanças de sentimento sem as explicações que você geralmente carrega com você.

EXPERIMENTO: Sente-se e explore os centros de energia do seu corpo. Não faz nenhuma diferença se você está descobrindo o que está ali diretamente, ou se o está fazendo por meio de uma descrição encontrada em um livro, ou por meio de um instrutor. Quando você encontrar um centro do corpo, preste atenção às suas qualidades. Agora, será que você pode encontrar onde se encontra o observador dessas qualidades? Quem está explorando os centros, e qual é a posição do observador – dentro do centro de energia ou fora dele? Se você encontrar o observador/ponto de visão, preste atenção a esse ponto de visão. O que são essas qualidades? Agora onde se encontra esse observador que está prestando atenção a esse ponto de visão? Continue essa investigação até que você tenha descoberto o contexto que está observando os *chakras,* o contexto que está observando alguma coisa e tudo. Veja se você pode encontrar você mesmo, o observador, localizado em algum lugar.

Se os *chackras* não são o observador, e o observador não pode ser localizado em nenhum lugar, então o que são os *chackras?* De quem eles são? Eles existem?

O Corpo Como Realidade

Qualquer imagem do mundo é e sempre será uma construção da mente, e não se pode provar que tenha qualquer outra existência.

Erwin Schrödinger

A realidade do corpo é que ele não é.

Nosso ponto de vista cultural é tão obsessivo com um ou outro processo pensante que precisa de um corpo ou uma mente. Não há tal coisa. O corpo e a mente não existem separados, mas são inextricavelmente um, não apenas um com outro, mas com tudo.

Nós podemos experimentar o nosso corpo conceitualmente, de acordo com a biologia, a fisiologia, ou o "eu". Podemos experimentá-lo sensorialmente como quente, frio, doloroso, prazeroso. Podemos experimentá-lo energeticamente como vital, fatigado, denso ou espaçoso. Há muitos modos pelos quais podemos experimentar o corpo.

Mas nós nunca podemos experimentar o corpo na realidade.

Não existe um corpo para contatar, assim como não há ninguém para fazer o contato.

Na realidade, quando a dicotomia mente/corpo desmorona, ocorre somente uma coisa, e ela não é nem sujeito nem objeto. A realidade existe sem o pensamento que divide o mundo e sem o mundo que incorpora o pensamento. A realidade é unificada.

Esse corpo *quantum,* a confluência não-dual de tudo que existe em cada momento é a realidade básica na qual a nossa vida ocorre. Não está separada de nada, a não ser na individuação que o pensamento conceitual traz consigo.

Essa estrutura conceitual, com a qual nós navegamos na totalidade, é o criador do corpo e é a origem da doença do corpo, do envelhecimento e, por último, da morte. O pensamento cria o corpo e a mente. O pensamento cria o atrito da separação.

Sem a separação do pensamento, sem a criação do "eu" e do "meu corpo", será que existe doença ou morte? Quem fica doente? Quem morre?

O que ocorre quando o pensamento não nos prende como reféns às suas idéias de dualidade, e a vida se move através de nós sem impedimentos?

Vamos respirar.

Vamos deixar a vida nos animar e nos encontrar.

Aprendendo a Respirar – Nós Já Não Estamos Respirando?

Existe uma correlação interessante entre a nossa respiração e o nosso estado de consciência. Isso se torna evidente sempre que nos sentamos e prestamos atenção à respiração.

Simplesmente prestar atenção à respiração já produz uma resposta de relaxamento imediata. O corpo tem a tendência de liberar as suas tensões e, com isso, a respiração se aprofunda. Algumas técnicas de meditação ensinam a atenção como meio de respiração, direcionando os estudantes para observarem a leve sensação criada pela respiração na extremidade das narinas.

Essa prática tem o efeito de concentrar a mente e cultivar um sentido de consciência. Isso também se torna óbvio depois de um curto tempo de "observação" da respiração, enquanto as nossas mentes procuram distração incessantemente. Muitas e muitas vezes a mente pulará da respiração para os pensamentos, as fantasias e as memórias. Muitas e muitas vezes nós podemos trazer a nossa atenção de volta para a sensação da respiração.

Depois de algum tempo nessa prática, a maioria das pessoas se sente mais centrada, atenta e relaxada. É uma forma simples de experimentar o seu próprio processo mente/corpo. Não é difícil nem perigoso.

Existem dúzias de sistemas de ensino sobre respiração. Esses sistemas pretendem fazer tudo desde a liberação de traumas de infância até trazer a consciência cósmica.

Parece existir uma relação entre a respiração e o pensamento. Mas também existe uma relação entre o pensamento e a respiração.

Ao nos treinarmos para respirar diferentemente, modificamos o modo como pensamos. Mas ao mesmo tempo estamos também treinando novamente o modo como pensamos, e esse novo pensamento modifica o modo como respiramos. Será que nós nos libertamos, ou adquirimos um novo condicionamento?

Nós não descobrimos o que somos, ainda que estejamos prontos para nos transformar em algo melhor. Nós aprenderemos a respirar melhor de modo que possamos ser melhores. Será que precisamos aprender a respirar, ou a respiração que já estamos tendo é a própria expressão do que nós somos?

Será que precisamos nos treinar de novo – e estamos nos treinando para quê? Se nos propomos a descobrir a realidade, então, a nossa respiração, tal como se apresenta, já não é a realidade que procuramos? Nós precisamos aprender a respirar, ou nós já respiramos?

O que é a respiração? O que está realmente ocorrendo quando respiramos? O que é a respiração quando nós respiramos sem uma tentativa de modificar, restringir, intensificar, ou até mesmo entender o que está ocorrendo? Essa experiência não pode ser sistematizada ou ensinada. Ela surge da intensidade com que o indivíduo investiga a natureza da vida.

A primeira coisa que fazemos na vida é respirar. Ninguém nos disse como ou por quê. Desde então, temos sido condicionados dos modos mais inimagináveis para que tenhamos uma experiência de segunda mão em nossa vida.

Disseram-nos até mesmo como se respira.

Nós não precisamos aprender como respirar.

Nós já estamos respirando.

Respire.

Explorando a Respiração e os Estados da Mente

Sem a carga de idéias sobre o corpo, a mente e a respiração, nós podemos começar a explorar a realidade da nossa experiência.

EXPERIMENTO: Respire. Preste atenção somente à respiração. Que qualidades ocorrem quando inspiramos e quando expiramos? Como essas qualidades afetam a própria respiração? Isso se altera com a atenção?

EXPERIMENTO: Respire. Preste atenção somente à respiração. Faça uma pausa quando estiver inspirando e depois quando estiver expirando. O que acontece durante essas pausas? Quais são as qualidades que ocorrem quando suspendemos a respiração?

EXPERIMENTO: Respire mais rapidamente e preste atenção às qualidades que surgem quando o ritmo da respiração se acelera. Observe os sentimentos, os pensamentos e as imagens que possam estar ocorrendo. Você poderá verificar que, ao evocar esses mesmos aspectos de sua mente, o ritmo de sua respiração tenderá a aumentar. Por exemplo, se você imaginar um monstro terrível, terá a tendência de respirar mais rápido.

Tente respirar mais devagar do que o normal. Novamente observe os aspectos de sua mente que surgem quando a sua respiração torna-se mais lenta. Tente evocar os sentimentos, os pensamentos e as imagens que ocorrem quando a respiração está mais lenta, e veja se isso faz diminuir o ritmo de sua respiração.

EXPERIMENTO: Enquanto você se movimenta durante o dia, observe a relação entre a sua respiração e os estados mentais que você experimenta. Será que a mente criou a respiração, ou a respiração criou a mente? A respiração está respirando o pensamento, ou o pensamento está pensando a respiração? A mente e a respiração são uma coisa só ou duas coisas?

EXPERIMENTO: Respire. Agora preste atenção à respiração. Encontre o ponto de observação da respiração. A consciência está dentro ou fora da respiração? Qual é o contexto no qual a respiração está ocorrendo?

12

MEDITAÇÃO DE REALIDADE SEM ESFORÇO

Para um homem que se permitiu ficar envolvido completamente em suas atividades, nada é mais difícil do que se sentar tranqüilo e descansar, sem fazer absolutamente nada. O próprio ato de descansar é a atitude mais difícil e mais corajosa que ele pode realizar, e muitas vezes está completamente além do seu poder.
Nós precisamos primeiramente recobrar a posse de nosso ser antes que possamos agir sabiamente ou provar qualquer experiência em sua realidade humana. Enquanto não temos a posse de nós mesmos, toda a nossa atividade é fútil.

Thomas Merton, *No Man Is an Island*

É DIFÍCIL NÃO FAZER NADA

Em qualquer momento em que estejamos sem o fazer psicológico, sem procurar algo em particular, nós experimentamos uma profunda conexão com a vida ao nosso redor.

Essa é a conexão que dizemos que queremos.

Mas parece que nós não paramos o suficiente para não fazer nada. Nós nos sentimos compelidos a fazer alguma coisa todo o tempo.

Por que é tão difícil não fazer nada? Mesmo quando nos sentamos para não fazer nada, nós o fazemos com uma grande intenção, com vigor e devotada seriedade. Nós trabalhamos intensamente, agimos com firmeza, mas, espiritualmente, não estamos "fazendo nada".

Nós somos desse tipo. Se não fôssemos os trabalhadores esforçados que evidentemente somos, talvez nunca tivéssemos emergido da desordem evolutiva como *Homo* supremo. Nós não teríamos conquistado, abatido, matado, queimado, cavado ou pavimentado – o mundo natural. Como uma civilização nós nunca teríamos criado a Era da Razão, o Renascimento, ou a Era Espacial, ou também, a Era das Trevas, a Inquisição, ou a Nova Era. Nós não teríamos inventado coisas como hipotecas com taxas variáveis, balas que perfuram blindados, memórias reprimidas e esperas de chamadas telefônicas. Se nós não fôssemos tão agressivos como somos, algumas outras espécies poderiam existir, e o mundo seria governado por formigas vermelhas e por ienas.

Nós fazemos isso porque alguém tem que fazer e, francamente, o fazemos da melhor forma possível.

O paradigma cultural dominante que surge de toda essa agressão sem restrições é, certamente, a cultura norte-americana. A cultura norte-americana não é realmente apenas sobre democracia, livre iniciativa ou liberdade. Ela é, não surpreendentemente, a principal cultura de agressão, e a sua mensagem é: consuma ou seja consumido. Derrotamos qualquer país com o qual nos relacionamos, e onde não podemos vencê-los, nós investimos neles pesadamente ou concedemos empréstimos pelo Fundo Monetário Internacional. Nós vendemos para eles Pepsi e Big Macs, CNN e MTV, Madonna e Michael. Eles nunca sabem como estão sendo golpeados. Nós somos muito bons.

A nossa mensagem é simples, e ela vende. Apenas faça isso. Fazer o quê? Isso. É só fazer.

Apenas faça isso. Faça. Faça.

Esse é o mantra da Era do Consumo. Faça isso. Não espere. Não perca. Não seja idiota. Não seja chato. Não seja pobre. Não seja confuso. Não sinta. Não seja. Faça. Faça. Faça isso.

Nós acreditamos. Nós estamos fazendo isso.

Então um certo dia ouvimos alguma coisa radicalmente perturbadora, alguma coisa sobre ser, ao invés de fazer.

Nós ouvimos, na cacofonia aguda de sons culturais, nos novos segmentos e comerciais, um leve vazio na continuidade da ação. Esse é o som do pesadelo de todo produtor de mídia.

O que nós ouvimos é espaço morto.

Nós ouvimos o que nós nunca supomos ouvir. Nós não ouvimos nada.

Nós ouvimos a sobrecarga de informação e a pressão para consumir. O contexto cultural afasta-se por um momento, e, por um momento, estamos absolutamente parados. Isso é radical.

E o que é melhor, é grátis.

Agora o barulho começa novamente, mas dessa vez nós ouvimos o intervalo de silêncio depois da emissão de cada som. Nós estamos ouvindo uma mensagem diferente.

Apenas seja.

Apenas seja. Seja. Seja.

Apenas faça isso. Apenas seja isso. Faça. Seja. Faça. Seja.

Ou Frank Sinatra está no rádio ou há alguma coisa muito interessante acontecendo. Nós pensávamos que não fazer nada era difícil, mas descobrimos que aquele "fazer" é poroso e que o "ser" se infiltra através dos buracos.

Nosso condicionamento é agir, a nossa natureza é ser. A nossa história é fazer, o nosso presente é não fazer nada. A nossa cultura nos manda consumir, os nossos parentes nos aconselham a dividir.

Não é difícil não fazer nada.

Apenas seja.

EXPERIMENTO: Meditação através da mídia – Examine o seu próprio contexto cultural tal como o faria um antropólogo do planeta Zygon.

Veja televisão, ouça rádio, leia jornais sem deixar-se envolver pelo conteúdo ou pelos próprios meios de comunicação.

Uma vez que esses meios de comunicação são veículos para entretenimento e informação e estão destinados a propiciar distração, a primeira meditação deve ser prestar atenção à forma sem se preocupar com o conteúdo.

Será que você consegue seguir a câmara que muda a cada cinco segundos na televisão, perceber o modo como os olhos se movem ao ler um jornal e absorver as manchetes trágicas e comerciais de supermercados com o mesmo olhar, ou ouvir o som hipnótico do rádio? Qual é o efeito dessas várias formas em você? Que qualidades são criadas na sua mente e no seu corpo em resposta aos meios de comunicação?

Agora observe o conteúdo, desconsiderando a forma como ele chega até você. Veja a urgência de tudo desde as notícias de acontecimentos catastróficos até o término em três dias da venda de automóveis. Será que existe alguma coisa boa acontecendo em algum lugar, ou só existem mortes, tragédias, destruição... e muito sexo? Você consegue perceber o estímulo que lhe é passado com o propósito de despertar em você o desejo de pedir uma pizza ou correr para compras relâmpago em um Shopping.

Desligue o som da televisão e assista à programação sem som. Será que assim a natureza do meio torna-se mais clara quando apenas uma coisa está acontecendo?

Agora desligue o som e a imagem. Será que a natureza do meio torna-se mais clara quando nada está acontecendo?

O Problema Está em Procurar uma Solução

Quando se chega diretamente a essa questão, o nosso problema é que estamos procurando uma solução para o nosso problema.

Nós sabemos que temos um problema.

Estamos insatisfeitos com as nossas vidas.

Procuramos uma solução. Disseram-nos que existe uma. As soluções não funcionam. As meditações, as drogas, as viagens espirituais, as religiões. Nada.

É por isso que o problema não é a insatisfação.

A insatisfação é um sintoma.

O problema é o buscador. O problema é o "eu" procurando se sentir bem, ganhar controle e encontrar alívio do medo – o "eu" – que não existe.

O medo é um sintoma.

O fato é que o "eu" não pode ficar melhor, porque o "eu" não existe.

O "eu" não existe além de sua própria construção. Ele não existe além de sua própria insatisfação, seu próprio medo, sua própria busca por uma solução para si mesmo.

Buscar uma solução é o problema, porque o "eu" que está procurando é o problema.

Esse problema não existe.

Nós todos sabemos que temos esse problema.

Esse problema não existe.

O Fim do Buscador Espiritual

Se não há nenhum problema, então o que estamos procurando? Se não há problema algum além da construção de um "eu" pelo pensamento, um "eu" que não tem existência própria fora do seu mundo mental, então por que procuramos?

Será que a busca tornou-se um hábito, um apego que preenche o nosso espaço psíquico com um sentido de propósito e significado? Pode o constante impulso pelo óbvio, pelo concreto, pela realidade numa projeção de esperança, trazer-nos algo mais do que o próprio impulso?

A espiritualidade é uma construção social, um acordo para ver o mundo de um modo particular e para comportar-se de uma certa maneira. O buscador espiritual é a pedra fundamental dessa construção. Sem a busca, a espiritualidade desaparece na quietude absoluta da realidade. Sem o buscador não existe nenhuma procura, nenhuma espiritualidade, nenhum centro, existe simplesmente o movimento da vida. Isso é o que a busca espiritual supostamente está buscando, e ainda que haja a busca, o buscador é tudo o que existe no caminho.

Esse tênue véu de ilusão é mantido pelo esforço para penetrá-lo.

Na realidade não há nenhuma espiritualidade.

Seis Experimentos Com Meditação

1. Permaneça em um quarto e não saia de lá por um dia. Não faça nada enquanto estiver lá dentro.

2. Preste atenção aos seus pensamentos por uns poucos momentos. Não pense sobre rosas vermelhas esplendorosas.

3. Preste atenção aos seus pensamentos por uns poucos minutos. Não pense em nada.

4. Sinta o seu corpo, começando com os dedos dos pés e seguindo por todo o restante do corpo. Algo acontece em alguma parte específica do seu corpo? Em que parte do corpo você está tendo a experiência? Localize-a e experimente sentir essa parte. A partir de que ponto você está sentido? Localize-o e sinta esse ponto. Prossiga. Onde reside a consciência? Há um local a partir do qual nós a experimentamos, e se não há, o que é isso que está sendo experimentado?

5) Por vinte e quatro horas seja completamente honesto com todos, sem considerar as conseqüências.

6) Reflita sobre a sua própria morte. Se você fosse morrer no final do dia, como você utilizaria esse dia? Essa hora final? Esse momento final?

EXPANDINDO O SILÊNCIO – A EXPERIÊNCIA DO DIÁLOGO

O que acontece em uma sala cheia de pessoas que chegaram ao fim da busca espiritual, que destruíram a realidade consensual das crenças religiosas e descartaram as estruturas hierárquicas?

Essa experiência está acontecendo agora mesmo em muitas partes do mundo em forma de diálogo destinado a descobrir se os indivíduos podem sentar-se juntos de um modo não autoritário e inquirir sobre a natureza da mente e da consciência. O diálogo está na linha divisória de um novo paradigma humano.

O renomado físico David Bohm começou a experimentar o diálogo com grupos depois de anos interagindo com J. Krishnamurti na forma de diálogos (um com o outro). Os grupos de diálogo de Bohm tentaram juntar as pessoas, não a partir de um sistema de crença comum, mas a partir de uma necessidade comum de entender a natureza da crença e a natureza do próprio diálogo.

Um grupo de diálogo é formado para investigar a si mesmo, sem uma agenda particular ou um formato, mas com a intenção de ver profundamente a mente conceitual e o silêncio a partir do qual ela surge. Em virtude de esses grupos não estarem geralmente estruturados, o próprio grupo descobrirá as pressões inerentes para criar liderança e as tendências para aceitar certas crenças geradas dentro do próprio diálogo. A vitalidade do diálogo surge da intensidade de cada pessoa e da sua necessidade de colocar de lado as suas idéias e se engajar na descoberta de alguma coisa totalmente nova. Alguns elementos do diálogo são previsíveis, outros, surpreendentes.

Os grupos tendem a se degenerar e a perder a direção sem um agente centralizador. É por isso que os instrutores espirituais são a norma nos grupos. Freqüentemente os participantes são impacientes com essa tendência e não conseguem permitir que o caos revele-se a si mesmo. Nós somos condicionados desde uma tenra idade a contar com processos de grupos baseados na hierarquia, que são ordenados e eficientes. A desordem sempre foi considerada ruim, algo a ser punido e eliminado.

No diálogo estamos preocupados com a realidade, não com o processo ou as conclusões. Nós descobrimos que não há regras claras. Isso por si mesmo é um choque para o nosso sistema. O caos pode ser o resultado da ausência de regras.

Nós tentamos aplicar as nossas idéias e filosofias ao caos. Mas essas são transparentes, porque o grupo de diálogo está atentamente interessado na realidade e fortemente consciente da ação conceitual como se ela fosse real. Será que existem regras que não surgiram da crença? Se não existem, então a idéia que tentamos introduzir não encontrará uma base no diálogo.

Às vezes certos indivíduos impositivos dominam o diálogo; e o fato de eles terem uma percepção profunda ou estarem totalmente fragmentados não importa. Um líder, como mostra a história, precisa apenas liderar, e os seguidores se juntarão à sua volta, não importa o quão destrutivo ou claro ele seja. No diálogo, esses tipos de líderes permanecem por pouco tempo, porque eles também são transparentes.

Muitas vezes um grupo se reúne para explorar o diálogo e termina como uma sociedade de debate ou um clube de filósofos. Nós dificilmente sabemos o que fazer com nós mesmos além de expor a nossa coleção de teorias sobre a vida. Estamos profundamente identificados com as nossas idéias sobre a vida; no entanto o diálogo é a descoberta do que foi deixado quando essas idéias foram destruídas. Nós nos tornamos participantes da Expedição dos Exploradores na medida em que entramos em território desconhecido.

Freqüentemente um grupo de diálogo será incapaz de encontrar o seu próprio significado ou objetivo. Ele terá dúvidas. Cairá então num estado de tédio coletivo. Nada encontrando, podemos abandonar o diálogo e retornar ao debate. Estamos desobrigados de encontrar um significado no final. Já nos sentimos melhores. Nós nos sentimos confortados ao repetir velhas idéias que captamos e sentimos a solidez que surge com a explicação do conhecido. Esquecemos que um diálogo é a exploração do desconhecido e a expressão do nada.

Algumas vezes um grupo de diálogo descobrirá um profundo silêncio, onde não haverá nenhuma evidência de separação, nenhuma necessidade de explicação. Outras vezes acontecerá como que um estalo, uma energia de descoberta focalizada. Algumas vezes ocorrerá um sentido de liberação trazido à tona pela confusão. Outras vezes surgirão as risadas que acompanham o desenrolar de uma comédia divina.

Um grupo de diálogo será freqüentemente focalizado por um indivíduo. Esse se parecerá muito com a figura autoritária de um instrutor. Essa estrutura pode ser direcionada diretamente para que se torne mais clara – isso é o que eu estou fazendo, não há nenhuma autoridade implícita nesse fazer

– e essa estrutura pode mudar a qualquer momento. A natureza do diálogo é tal que é inerentemente vigilante no que diz respeito às tentativas constantes de criar relações baseadas em poder, projeções e reações em relação à posição criada pelo indivíduo que está centralizando o grupo.

Enquanto um grupo de diálogo pode estar atento à criação do poder, um indivíduo poderoso pode estar atento a quaisquer restrições impostas à sua própria expressão, mesmo que seja de natureza dominante. Essa restrição pode surgir de uma idéia de igualitarismo.

A interação de todo o grupo projeta-se no exterior de modo que possa ser examinada. A realidade revela-se por si mesma.

O diálogo parece ter a possibilidade de incorporar a nossa inteligência coletiva e expressar as qualidades não-individualizadas da vida. É também um experimento que pode fracassar miseravelmente, porque ele não pode se separar da necessidade condicionada para a certeza da crença e da autoridade.

Para aqueles que assumem essa exploração, a medida de sua qualidade encontra-se na capacidade de permanecerem persistentemente engajados com os outros participantes no diálogo e focalizados na realidade que está ocorrendo. Talvez nesse contato, com grande humildade e atenção de parte de cada pessoa, aquilo que separa irá se desvanecer e alguma coisa nova poderá surgir.

EXPERIMENTO: Forme um grupo de diálogo onde você está. Não há nenhum processo nem quaisquer regras em particular. A intenção é a descoberta da realidade de quem somos, não limitada às nossas crenças e filosofias. O grupo investigará as estruturas do pensamento, a natureza da consciência, as formas de comunicação que constituem o ser humano. Os tópicos ocorrerão espontaneamente, assim como o silêncio. Tudo precisa ser observado. Permaneçam engajados e com o controle de si mesmos.

EXPERIMENTO: Leve o grupo para passeios campestres de caráter espiritual. Participe de atividades religiosas e espirituais, de palestras e ensinamentos ministrados por instrutores espirituais, e experimente as práticas que estão sendo ensinadas. Qual é a realidade dessas situações e quais as experiências que estão sendo geradas ali? Convide os instrutores itinerantes e a sua equipe para participarem de uma tarde de diálogo onde os seus ensinamentos serão explorados. Mantenha as supostas divisões do grupo de diálogo flexíveis de forma que a vida esteja presente e o grupo de diálogo não venha a mergulhar em sua própria forma de separação e isolamento. Pesquise temas como ação social, política, educação e psicologia.

EXPERIMENTO: Se o grupo de diálogo for capaz de permanecer engajado (muitos não conseguem e saem rapidamente), o que se pode fazer conjuntamente como uma extensão do diálogo? É possível criar alguma ação coletiva? Ou a investigação mútua estimula alguma comunidade intencional ou assuntos cooperativos? É possível a promoção de uma ação social ou atividade caritativa? Existem outras formas de diálogo ou comunicação?

EXPERIMENTO: Quando um grupo de diálogo se mantém engajado, pode ocorrer uma exploração mais profunda e não-verbal? O que acontece quando um grupo que está engajado chega ao final das palavras? Qual é a natureza do grupo de meditação nesse silêncio?

EXPLORANDO O SILÊNCIO – GRUPO DE MEDITAÇÃO DE REALIDADE

O coração e a cabeça não estão separados
Sente-se e convide-se
A participar de uma nova experiência
Completamente nova
Fazendo (nada) corretamente.

Paul Reps, *What it is Like*

Uma das melhores maneiras de explorar a realidade, por surpreendente que seja, é silenciar. Essa exploração pode ocorrer individualmente ou em grupo.

As meditações de grupos podem chegar a grandes profundidades ou a incontáveis tolices. Nós facilmente sucumbimos à psicologia do grupo, coletivamente concordamos em ter certas experiências de meditação e terminamos por realizá-las. Mas se entrarmos nessas meditações sem concordar com nada? O que pode acontecer então?

Os grupos de meditação, tais como os grupos de diálogo, oferecem uma grande variedade de experiências possíveis, desde as mais tolas até as mais sublimes. Mas assim como os grupos de diálogo, a exploração é a própria dinâmica de grupo, que é freqüentemente uma grande embusteira. Em que consiste a realidade da experiência meditativa com um grupo de pessoas? Será que é a mesma coisa que se sentar sozinho; e, se assim não for, qual seria então a diferença? Será que as qualidades que ocorrem na meditação são de certa forma compartilhadas? O que pode ser descoberto sobre a nossa experiência meditativa coletiva sem acordo mútuo ou crença?

Uma meditação sem forma requer uma tremenda paixão de parte do participante. Não há nada que explique por que a estamos fazendo. Não há nenhum benefício óbvio. Não há nenhum sistema sendo praticado. É simplesmente o que é.

Novamente ansiamos por um líder que nos mostre o caminho. Queremos uma abordagem sistemática para o caos evidente de nossos pensamentos, emoções e sensações. Queremos a confirmação das nossas experiências e das nossas percepções intuitivas.

Isso pode ser encontrado em uma centena de sistemas de meditação diferentes, mas não pode ser encontrado aqui. Aqui, tudo o que temos é a realidade – com os demais.

Se nós conseguirmos permanecer engajados, poderemos descobrir uma dimensão completamente diferente das dinâmicas de grupo. Estaremos mais uma vez explorando o desconhecido.

Sentar-se junto não significa a presença de dois, três ou muitos. Sentar-se junto significa que ninguém está sentado. Se há alguém sentado, o que freqüentemente parece ocorrer, a meditação não é com os outros, é com o nosso “eu”. O que é esse “eu”? Por que ele quer outros?

É um grande desafio sentar-se junto sem fazer um ritual disso. Sentar não requer nada mais. Não há nada para aprender. Não há nenhum contexto que seja melhor. Não há nenhuma postura, nenhum mantra, nenhuma respiração ou visualização que precise ser aprendida.

Na medida em que o ritual se desenvolve no grupo, faça com que ele seja claro e explore o que é.

Explore a postura, o mantra, a respiração e a visualização.

Explore tudo isso.

Sentar não requer nada disso.

Sentar não requer exploração.

Sentar não requer nem a nós mesmos.

EXPERIMENTO: Sente-se em silêncio juntamente com outras pessoas que têm um profundo interesse na investigação da realidade. Se o grupo perder o seu foco, pare. Esse ponto de parada é geralmente óbvio (e, freqüentemente, acompanhado de muitos sussurros, tosses e pigarros). Então pode haver o diálogo sobre o que ocorreu, ou não.

Enquanto estiver sentado, observe o movimento da mente com relação ao grupo, como nós olhamos para o contexto de nossas experiências na experiência do grupo. Observe a tensão do corpo em relação às outras pessoas presentes. À medida que você se aprofunda, observe as qualidades mutantes, tanto no que parece ser a mente pessoal quanto no que parece ser o campo coletivo do grupo. Observe o próprio aprofundamento. De onde ele vem? Como ele se dissipa e para onde vai? O que é isso que está consciente de tudo? É a mesma coisa ou é diferente para cada participante?

PARTE 3

MEDITAÇÃO DISPERSIVA E VIDA DIÁRIA

13

Os Nossos Pensamentos Parecem Ter a Sua Própria Mente

Eu tenho a impressão de que os acontecimentos ocorrem em mim, que em mim as coisas e as paixões se enfurecem e entram em conflito; que eu olho para mim mesmo e vejo a luta dessas forças hostis predominando uma após a outra; uma luta, um campo de batalha mental, e que o eu real é esse "Eu" que olha o "eu" dos acontecimentos e conflitos. Eu não sou essas paixões, como parece, eu sou aquele que vê, olha, comenta e considera. Eu sou também aquele que quer ardentemente um outro eu.

Eugene Ionesco, *Fragments of a Journal*

Frustrados Com a Nossa Raiva

A raiva é uma breve loucura.

Virgílio

Existe uma coisa que pode tomar até mesmo o mais espiritual de nós realmente hostil. Apesar de anos de meditação, respiração, trabalho, terapia e visualização, há uma coisa que nós não podemos suportar, e parece que não podemos fazer nada para evitá-la, tampouco.

Realmente essa coisa deixa-nos irritados e prontos para gritar. Secretamente gostaríamos de eliminá-la e livrarmo-nos dela de uma vez e para sempre.

Essa coisa é a nossa raiva.

A raiva nos possui por meio de nossos conhecidos impulsos. Pensamos que estamos frios, mas não estamos. Quando a raiva chegou, estávamos frios, mas logo ficamos quentes.

Tentamos controlá-la, ajustá-la, reduzi-la e entendê-la, mas a raiva leva o melhor de nós todo o tempo.

Nós a suprimimos – ela queima, formando um buraco em nosso estômago, elevando a nossa pressão arterial e destruindo o nosso coração.

Nós a expressamos – ela nos embaraça, destrói os nossos relacionamentos e arruína a nossa auto-estima.

Levamos a questão da raiva para o terapeuta. Traçamos a sua história com relação à família e à nossa experiência. Choramos no travesseiro. Mas quando deixamos o terapeuta, a raiva vai para casa conosco. Nós nos sentimos atormentados, confusos e... irritados.

Levamos a raiva para a aula de meditação. Olhamos para ela. A raiva surgindo e a raiva passando. O rapaz da fila da frente se move muito e funga. Ele não deveria vir para uma meditação resfriado. Nós nunca gostamos de sua atitude distante, como se soubesse mais do que nós, quando, de fato, ele não tem consideração pelos demais. Ele merece todo o ressentimento que possamos ter em relação a ele. Agora, onde nós estávamos? A raiva surgindo e a raiva passando.

O nosso companheiro não nos ama o suficiente. O nosso chefe não nos paga suficientemente. A sociedade não reconhece os nossos talentos. Não é de surpreender que estejamos com raiva.

Mas estamos com raiva principalmente porque não podemos fazer nada com relação à nossa raiva. Ela continua surgindo, e não há nada que possamos fazer.

Não há nada que possamos fazer.

Não há nada que possamos fazer. Esse é o fato. Essa é também a nossa libertação.

Não há nada que a raiva mais odeie do que não ter resposta. Ela pode sentir o seu poder se exaurindo frente a essa não-resposta. Ela espera ter uma resposta, uma reação, uma culpa, uma vergonha – alguma coisa. Ela morrerá se não for alimentada.

E se a raiva começar uma guerra e ninguém aparecer? E se nos tornarmos pacifistas? Gandhi tirou os britânicos da Índia não lutando contra eles. O que aconteceria com a raiva se nós não fizéssemos absolutamente nada?

Pergunta: Será que eu não gostaria de fazer alguma coisa para terminar com esse conflito?

Resposta: Quem é o agente? Você sugere que deve fazer algo. Você tem esse condicionamento psicológico arraigado, qualquer que ele seja. Você fica brava com seu marido todo o tempo porque ele não lava a louça. Você elabora um programa do que irá fazer. Conta então até dez antes de ficar brava. Recita o seu mantra. Medita quinze minutos pela manhã. Senta com o seu marido e conversa sobre as experiências da infância. Tudo isso é "fazer" coisas.

Mas quem é o agente? Qual é a entidade que está tentando corrigir o seu comportamento? De onde surge realmente a ação? A ação não está surgindo do mesmo feixe de memórias que é o problema? O problema não é encontrar um curso de ação. O problema é entender a natureza do agente.

Pergunta: Será então que uma solução poderia ser alcançada fazendo-se algo, ou isso seria somente perpetuar a mesma coisa, talvez de uma forma diferente?

Resposta: A ação do fazer é um movimento fora da realidade. É projetar um futuro no qual as coisas serão melhores e elaborar um plano mental para sair de onde eu estou para chegar aonde eu quero estar. A vida não é isso realmente. Ela não segue um plano de onde eu estou e onde eu quero estar. A vida é o que é. O movimento para mudar para algo que eu quero ser é um movimento fora da realidade, e por isso nós nunca experimentamos o momento onde estamos. Nós não podemos nem mesmo entender a natureza do problema, uma vez que estamos demasiado ocupados mentalmente, projetando onde queremos chegar.

Pergunta: Sobre o exemplo do marido que nunca lava a louça, e por isso eu fico com raiva: qual é a dinâmica em não fazer nada?

Resposta: Como seria se você não fizesse nada a esse respeito?

Pergunta: Eu terminarei sempre lavando a louça.

Resposta: Não, essa é uma ação. Eu não estou agora na minha cozinha. Eu estou fervendo de raiva. Não há ação alguma. O que acontece? Se não há nenhuma ação, existe somente a raiva. Não há nenhum marido, nenhum objeto da raiva. Não há nenhuma causa, nenhuma razão para que ela fique com raiva porque ele não lavou a louça. Não há nenhum agente. Não há ninguém segurando a raiva – ou seja, o "eu" não está lá. Há somente a raiva.

O que é possível agora é entender a natureza da raiva. A natureza da raiva não é causal. Não é por causa do meu marido. Ela não se origina em mim, porque não há nenhum "eu". Não procede da minha infância. Não faz parte da minha experiência. A raiva simplesmente existe em nada, fora do nada, como energia.

Pergunta: Mas continua sendo doloroso para o experimentador...

Resposta: Você tem que verificar isso. A reação à raiva é de fato mentalizada como dor. Mas verifique por você mesma, diretamente, sem nenhuma ação, sem tentar remediar aquela experiência de raiva, buscando ver do que ela é feita.

Isso é doloroso? Se a raiva não tem um criador ou um receptor, ela tem uma qualidade diferente.

Para isso você tem que estar disposta a não lavar a louça. A maioria de nós está muito envolvida em ser produtiva. Você tem que estar pronta para parar, não lavar a louça, não fazer nada, e talvez terminar por sentar-se no chão da cozinha com a sua raiva. Poucas pessoas querem fazer isso. Então põem a culpa em seus cônjuges ou em seus pais. Elas colocam a culpa em uma infância infeliz ou no seu dia de trabalho estressante.

EXPERIMENTO: A próxima vez que você estiver com raiva, não se envolva com o objeto da raiva (seja lá com quem ou com o que você estiver bravo), nem mesmo se envolva com a raiva (o que deveria ou não deveria ser). Ao invés disso, veja se você pode encontrar o "eu" que está com raiva. Quem está produzindo a raiva?

EXPERIMENTO: A próxima vez que você estiver com raiva, preste atenção aos atributos físicos da raiva. O que acontece com a sua respiração? O que acontece com as batidas do seu coração? O que acontece com o seu estômago? O que acontece com a sua postura e os seus músculos? Quem está fazendo tudo isso? Será que você pode mudar quaisquer dessas respostas físicas? Se essas condições mudarem, você pode manter a sua raiva? Existe um componente psicológico associado ao físico, um componente físico associado ao psicológico, ou existe somente uma coisa acontecendo?

Estamos Com Medo de Uma Vida Sem Medo?

Onde um homem não encontrar nenhuma resposta, ele encontrará o medo.

Norman Cousins

O sol...
Irradia no obscuro eclipse, um desastroso crepúsculo
Sobre metade das nações e, temendo mudanças,
Monarcas ficam perplexos.

John Milton

Nós somos impulsionados pelo medo em nossa vida, porque somos impelidos pela necessidade de avaliar e predizer o nosso ambiente, de fazer previsões a seu respeito e de sobreviver baseados nesse conhecimento. Nosso funcionamento biológico reconhece a sua própria estratégia de sobrevivência como uma função primária e, constantemente, nos alerta para perigos potenciais. Nós utilizamos o instrumento mais apropriado para essa avaliação, que é o nosso cérebro.

Quando encontramos o perigo, nós o analisamos e o confrontamos, ou o evitamos, dependendo de qual estratégia provavelmente terá mais sucesso. Nós lutamos ou fugimos.

A biologia do ser humano se transformou em psicologia por meio do pensamento. Agora nós estamos convencidos, pela urgência da nossa própria estrutura conceitual, de que devemos avaliar os perigos psicológicos em nosso mundo. Nós devemos decidir se lutamos ou fugimos, se dominamos ou nos submetemos, baseados em nossa sobrevivência psicológica.

O medo se tornou o moderador do nosso bem-estar psicológico. Apesar do fato de que esse aspecto de nossa experiência é inteiramente conceitual, ele se tornou tão entrelaçado com a nossa biologia, com o nosso condicionamento, com a nossa realidade, que ele existe como se fosse real.

Nós ficamos com medo de ser machucados quando nos aproximamos de novos relacionamentos, como se estivéssemos sendo fisicamente atacados. E se eles não gostarem de nós? Nós nos tornamos tímidos ou demasiadamente agressivos, ao mesmo tempo que tentamos avaliar as peculiaridades de um novo ambiente. Estamos com medo.

O nosso coração bate forte. As palmas das nossas mãos transpiram. A nossa boca está seca. Será que há um predador espreitando-nos na selva? Não, nós estamos sendo apresentados para alguém que não conhecemos.

Nós estamos agitados. A adrenalina está percorrendo o nosso sistema. Os nossos pensamentos estão competindo. Será que estamos em uma luta de morte com um outro animal, competindo conosco pela comida? Não, nós estamos fazendo uma apresentação para o nosso chefe sobre um novo plano de *marketing*.

O medo deixou a selva e penetrou no mundo da nossa mente. Visivelmente tudo o que fazemos é filtrado pelo medo psicológico. Nós somos motivados pelo medo. Somos impedidos pelo medo. Nós vivemos no medo.

O que deveríamos fazer a esse respeito?

Vamos reconhecer que, em grande parte, o medo é irrelevante.

O medo é funcional para nós quando cruzamos a rua e vemos um caminhão se aproximando. O medo é útil quando estamos usando instrumentos elétricos, dirigindo um carro ou de outro modo colocando as nossas vidas ou nossos membros em perigo.

O resto do tempo, o medo é inútil. Ele existe como um protetor de um corpo psicológico e seus apêndices. Esse corpo psicológico não precisa de proteção. Ele é indestrutível. Você não pode ferir algo que não existe.

O medo faz parecer que sem a ajuda dele sofreremos um grande dano. Vamos verificar a hipótese. Nós manteremos o medo concreto – cuidaremos ao atravessar a rua – mas vamos tentar viver sem o medo psicológico por uns poucos dias e ver se sobrevivemos.

"Não, não, não, isso não pode ser feito, é muito perigoso, você pode se machucar," diz o medo.

"Mas eu gostaria de tentar apenas por uns poucos dias", nós respondemos.

"Não, de forma alguma. Você ficará aterrorizado. Você será prejudicado. Você não tem idéia do que lhe pode acontecer sem mim!"

O medo está se tornando completamente insistente. Ele sempre nos protegeu no passado. O que nós faríamos sem esse protetor? Depois de tudo, o que seríamos sem o medo?

O que seríamos se... não tivéssemos medo?

> *Uma vez que o medo e o amor dificilmente podem existir juntos, se devemos escolher entre eles, é mais seguro ser medroso do que ser amoroso.*
>
> Niccolò Machiavelli

> *Havia uma paz em seus corações. Eles foram preenchidos com a audácia daqueles que perderam tudo, a audácia à qual não é fácil chegar, mas que perdura.*
>
> Aleksandr Solzhenitsyn

Não discuta com o medo. O medo sempre ganha. Ele está sempre certo. Existem incontáveis circunstâncias nas quais se sente medo. O medo sempre nos protegeu. Certo, talvez isso seja um pouco asfixiante, mas nós estamos seguros.

O medo pode nos dar quase tudo que precisamos na vida. Ele nos assegurará que nunca seremos tocados por ninguém que queira nos ferir. Nós nunca sabemos o que pode nos ferir, assim o medo irá assegurar-nos para que nunca sejamos tocados por coisa alguma. Há muito risco em ser tocado.

O medo pode nos dar tudo, exceto uma coisa – ele nunca pode nos dar o amor.

O amor espera para que o medo se torne silencioso. O medo não sabe nada sobre o amor e não pode saber que o amor está esperando. O amor é a maior dádiva que o medo poderia receber.

Não argumente com o medo.

Ame o medo.

O medo sabe que ele não existe de fato, e isso o aterroriza. Ame o medo pelo que ele é, como uma ilusão, não o evite.

O medo é o nosso centro psicológico procurando por sustentação, procurando existir, procurando ser.

O amor não tem nenhum centro, nenhum medo, e existe somente no ser puro.

É uma aliança feita na céu.

O amor envolve o medo.

Ansiedade e Estresse: Preocupe-se, Seja Infeliz

Quando você chegar em uma bifurcação na estrada, siga-a.

Yogi Berra

Nós vivemos na era da ansiedade.

Temos uma superpopulação, excesso de trabalho e de estímulos. Não dormimos o suficiente, não relaxamos o suficiente e nem temos tempo suficiente.

Estamos constantemente recebendo ameaças. A nossa população está proliferando por todo o mundo, e todos estão querendo mover-se para outros lugares. Os terroristas estão tentando explodir os prédios públicos, os aviões, os trens e tudo o mais. Predadores sexuais abusam de nossas crianças. Um assassino mata sete e se suicida no cinema na sessão das dezessete horas.

Nós somos induzidos a trabalhar mais tempo e mais intensamente devido às exigências financeiras crescentes e às predições do dia do juízo final – o seguro social não sobreviverá ao aumento das aposentadorias, o custo das escolas aumenta mais rapidamente que a inflação, as diferenças entre ricos e pobres aumentam, a falência do mercado monetário está chegando. Cartões de crédito pré-aprovados oferecem limites de crédito mais altos que o produto interno bruto de alguns países do Terceiro Mundo. Nós avaliamos por um momento esses Cartões Ouro, ou se somos muito especiais, Cartões de Platina. Fingimos que não sabemos que eles são realmente apenas Cartões de Plástico e assinamos por toda uma vida de gastos.

É hora de levantar-se, de ir para o trabalho, de pegar as crianças, de participar de reuniões, eventos, jogos, de ir a cinemas, *shoppings,* de responder às ligações telefônicas e mais e mais e mais. E menos e menos tempo. E mais e mais pressão do tempo.

Menos tempo, mais coisas para fazer, para ganhar, para gastar, e poderíamos morrer a qualquer segundo por algum ato irracional de violência ou um novo tipo de doença exótica ultravirulenta que circula pelo sistema de ar-condicionado de um *shopping.*

O que fazer?

Seja infeliz, preocupe-se.

O que mais você pode fazer frente a essa sobrecarga depressiva de uma realidade tola? Estamos estressados e devemos estar realmente. Veja tudo o que passamos durante o dia. Nós estamos ansiosos porque somos perfeitamente normais. A ansiedade é normal. É a maneira como somos, então por que ficar estressados com isso?

De qualquer forma, o que poderíamos fazer a respeito disso?

Nós pensamos que sabemos o que fazer com isso, que é pensar que sabemos. Nós pensamos que se pensarmos mais e coletarmos um número cada vez maior de informações a respeito disso, nós sobreviveremos de alguma forma. De qualquer forma, que bem faria relaxar sem poder sobreviver?

Os nossos cérebros estão ardendo na busca por mais informação sobre as coisas que nos estressam. Se nós soubermos mais, é menos provável que sejamos pegos de surpresa, e é possível que saibamos o que fazer. Nós saberemos se devemos lutar ou fugir.

Nós não estamos lutando e não estamos fugindo. Estamos juntando muitas informações sobre as circunstâncias. Estamos pensando a respeito da luta. Estamos pensando a respeito do fugir. Mas de fato estamos sentados em nossos carros na hora do *rush,* estamos sentados no sofá vendo as notícias, estamos sentados no escritório, aguardando uma reunião com o nosso supervisor.

O estresse é o efeito de modelar mentalmente as ações que nós poderíamos realizar ou não, e todas as circunstâncias que as envolvem, incluindo mais particularmente o nosso próprio dano, derrota ou destruição.

O estresse é pensar.

O pensamento pensa que está ajudando no problema, mas ajudar no problema é o problema. O problema está em reunir informações interminavelmente para resolver o problema. O problema está em analisar perpetuamente informações para nos proteger.

Nós não podemos nos proteger da vida, apenas podemos reagir plenamente no momento do desafio. A preparação para responder confunde a resposta. Nós respondemos conforme fomos preparados e não conforme o que está presente. Nós estamos nos estressando sem nenhuma razão.

No momento do desafio, o estresse é o sinal para agir. A ação ocorre automaticamente, em resposta à realidade da situação.

Na antecipação do desafio, por outro lado, o estresse torna-se o sinal de que nós estamos pensando, modelando, analisando a idéia de um desafio, e não a realidade. Não há nada a fazer em resposta a um desafio conceitual. Nenhuma ação surge automaticamente.

Conceitualizar as crises e criar planos contingentes é útil no mundo concreto para construir pontes, reparar válvulas do coração, ou fomentar guerras. Mas no mundo psicológico, nós modelamos a sobrevivência do "eu" em relação aos desafios conceituais. Aqui, quanto mais profundamente entramos em planos contingentes e estratégias de sobrevivência mais confusos nos tornamos.

Nós podemos reunir e analisar informações até o fim dos tempos, numa tentativa fútil de assegurar a sobrevivência desse centro psicológico. Podemos impor níveis de estresse cada vez mais altos em nossa tentativa de encontrar proteção.

Podemos, de outro lado, abandonar isso. Nós não podemos proteger um centro que não tem nenhuma realidade.

Deixe de lado os artigos de notícias alarmantes, desligue a televisão ou o rádio quando estiverem apresentando notícias desse tipo. Não há ninguém para ser protegido; não há ninguém para fugir; não há ninguém para se estressar.

EXPERIMENTO: Experimente um jejum de informação. Nós não estamos falando aqui de suco de cenoura e de purificação intestinal.

Estamos falando de algo pior.

Nenhuma televisão ou jornal, nenhum livro ou revista, nenhum programa de rádio ou *show*. Durante uma semana, desligue tudo isso. Nem mesmo se perca em longas fofocas ao telefone ou no computador. Afaste-se da leitura, você terá que deixar esse livro de lado por enquanto. Ponha de lado também o romance que você já leu até a metade.

Dê um tempo para tudo isso.

Agora veja o seu desejo ardente por informação, calamidade e conflito tornar-se insuportavelmente urgente. Não confunda urgência com importância. Veja a sua mente se acalmar e a exigência por estimulação diminuir.

O que está acontecendo com o seu nível de ansiedade? O mundo continua condenado. Será que o mundo ainda existe?

Se a CNN cobre as últimas notícias ao vivo e ninguém está lá para assisti-las, será que elas continuam sendo notícias?

Qual é a natureza de sua vida sem a mania de informação?

Agora reintroduza uma fonte de informação de cada vez. Leia o jornal no primeiro dia após o jejum. Você notou algumas reações?

Acrescente uma outra fonte de informação a cada dia até que você tenha toda a louca confusão armazenada em seu cérebro frenético. Você consegue notar algumas diferenças em seus sentimentos, pensamentos ou em sua necessidade de consumir produtos, serviços, cerveja ou *pizza?*

Você percebe um sentido crescente de morte eminente e destruição? De aumento de ansiedade? Se a sobrecarga se tornar muito opressiva, é provável que você queira rever aquele programa sobre depressão na TV, ou escutar o psicólogo no rádio. Talvez mais informação venha a ajudar.

Modificando a Nossa Opinião Sobre as Drogas

Nós vivemos num mundo interativo. A realidade do mundo não é fixa, e nem a mente que a percebe. Existe um diálogo constante entre o aparente observador e a coisa observada. A substância e a qualidade do que é apreendido muda o observador, e o observador muda o que está sendo visto.

Esse diálogo é realidade. Não há dois, mas um.

Os modelos psicológicos tradicionais freqüentemente mencionam uma coisa sólida e central chamada mente, localizada no cérebro, a qual é afetada pelos elementos com os quais entra em contato.

Do ponto de vista da mente, entretanto, o modelo psicológico é apenas mais uma experiência.

A mente tem um dilema mais fundamental.

Ela não pode encontrar a si mesma.

A mente sabe que ela não está localizada no cérebro, porque algumas vezes ela sonha com lugares distantes, move-se com a velocidade da luz na mentalização do passado ou futuro, e pode sentir-se como se estivesse dentro de você, ou ainda de forma mais confusa, dentro do próprio coração da pessoa amada.

A mente gostaria de encontrar a si mesma. Ela lembra de forma vaga e confusa que havia um tempo em que ela era tudo. Talvez quando o corpo era muito jovem, ou antes de o corpo ter nascido, ou em uma outra vida, mas a mente sabe que existe algo mais nela própria além do que ela sabe.

A mente está sempre procurando por um caminho de volta, um caminho além, por uma realidade transcendental. Ela busca incansavelmente pelo veículo físico, o cogumelo mágico, que a levará até lá. A mente tentará tudo e qualquer coisa para encontrar a droga certa.

E tudo é droga.

O álcool é droga. A comida rápida é droga. Os filmes violentos são drogas. Os *shoppings* são drogas. Os dólares são drogas. Tudo é droga.

Tudo o que a mente apreende é uma droga. Tudo o que a mente toca, transporta-a para algum lugar. Tudo o que a mente ingere, modifica-a. A mente não pode parar até que encontre o transcendental, até que seja levada além dela mesma pela coisa com a qual ela está em contato.

Esse impulso básico para a experiência transcendental, para a experiência além do que nós sabemos, é o centro de nossa busca espiritual. O conhecimento intuitivo de nossas limitações nos compele a procurar o que está fora de nossas estruturas de pensamento. As drogas têm sido usadas desde o começo da humanidade em uma tentativa de experimentar aquilo que está além do conhecido.

Para o buscador espiritual, as drogas farmacêuticas apresentam o que parece ser um caminho curto para a transcendência. Nós tomamos a droga. Temos uma experiência maravilhosa ou terrível. O efeito da droga termina. Nós recordamos a experiência, como se o recordar fosse a experiência.

Mas certamente não é.

A experiência, seja qual for, já foi. A memória, a representação da experiência, é o que permanece conosco.

Nós tentamos novamente captar a experiência. Tomamos a droga. Temos a experiência. A droga termina. A memória permanece, mas não é a realidade.

O problema de muitas drogas não é a experiência da droga. É a tentativa de apreender a experiência pela memória, a distorção da mente relembrando, e a tentativa repetitiva de reproduzir a experiência usando mais drogas.

Mesmo que a experiência seja feita para ficar "alto", feliz ou santo, o ciclo é infindável: o cérebro precisa mais, e a mente permanece sendo a reprodutora da realidade, não a própria realidade.

No nível social, o tema das drogas está tão impregnado com as políticas de controle, a mitologia, a pseudociência e a desinformação cultural, que parece que nunca seremos capazes de aclarar a confusão e de fato explorar o assunto. As drogas apresentam um grande número de dificuldades. Algumas drogas levam ao vício e, por conseqüência, ao comportamento dependente e anti-social. Algumas apresentam aparentemente realidades alternativas, criando apatia ou desdém pelas realidades em sua unanimidade. Algumas têm efeitos confusos, difíceis de documentar e difíceis de explicar. Também existem as drogas que são consideradas boas, que são legais, porém regulamentadas. Algumas drogas legais alteram as nossas mentes e são controladas por médicos especializados. As nossas sociedades regulam e direcionam o que a mente pode experimentar, porque nós tememos que a experiência transcendental desestabilize as nossas estruturas sociais e descentralize o seu poder.

Nós temos uma Guerra contra certas drogas, uma campanha para desenvolver outras drogas, e programas para educar sobre outras. Nós não sabemos se a droga que é usada é um delito, uma doença ou um fato da vida. As drogas das ruas são ruins. As drogas receitadas pelos psiquiatras são boas. As drogas médicas são boas. O álcool é bom e ruim.

Milhões de crianças nos Estados Unidos tomam calmantes (geralmente Ritalin) em suas escolas (agora elas podem prestar atenção em suas aulas de educação sobre as drogas), aproximadamente meio milhão recebem antidepressivos. Calmantes são dados às crianças que falam demais e que são superativas. Antidepressivos são dados às crianças que não falam muito e são pouco ativas. Nesse ínterim, os pesquisadores verificaram que o Ritalin e a cocaína têm efeitos quase idênticos sobre as células do cérebro.

As crianças estão superativas, os remédios as acalmam.

As crianças estão muito deprimidas, os remédios as estimulam.

As crianças estão bem, venda cerveja e cigarros a elas.

Em nossa confusão sobre as drogas, que tipo de novas gerações estamos formando? A Agência Norte-americana de Combate às Drogas publica folhetos ensinando como manter as crianças longe das drogas. O Departamento Norte-americano de Educação publica folhetos informando aos pais onde eles podem obter terapias de tratamento contra as drogas para os seus filhos.

Nós colocamos as crianças pobres que vendem drogas nas cadeias e as celebridades em reabilitação. Justificamos a barganha com os traficantes ou tornamos públicas as suas organizações, dependendo da droga que eles comercializam. Testamos os empregados para ver se usam drogas, prescrevemos receitas médicas de drogas, vistoriamos os carros procurando drogas, anunciamos as drogas mais recentes em páginas inteiras de revistas, e patrocinamos eventos esportivos com o dinheiro das drogas – ou seja, álcool – dinheiro.

Nós não encontraremos muito que seja útil às nossas pesquisas sobre as drogas em nossos acordos sociais. Aqui nós estamos muito perplexos e amedrontados.

Mas isso não é necessário. Toda a experiência poderia estar livre do medo. A mente não está procurando na experiência. Não está procurando nas drogas. A revolução está em outra parte.

A experiência pode mudar o experimentador, mas jamais pode possuir o experimentador, que é a mente, além de si mesma. Existe sempre a memória da experiência para prender a mente. Tudo que traz experiência é uma droga nesse aspecto fundamental.

O que a mente está procurando está na não-experiência, está no silêncio, está no colapso do observador e da coisa observada em direção à não-dualidade do ser.

Isso é inerentemente grátis, legalizado e não-regulamentado.

Qualquer outra coisa é uma droga.

A transformação da consciência, sem nenhum tipo de experiência, é a revolução que está sendo esperada.

Dor, Fracasso e Decepção

Nós destruímos as nossas crianças muito cedo. Em uma cultura com valores voltados para a competição e a dominação, produzimos crianças sem muita consideração. As crianças são submetidas à vergonha, ao domínio, à punição física e ao isolamento emocional simplesmente porque os seus pais vivem na ignorância de seu próprio condicionamento. Esses pais foram uma vez crianças submetidas às mesmas forças da vergonha, da dominação e da violência.

Nós somos essas crianças. Muitos de nós somos também pais. Mas nós nunca superamos a nossa própria infância. Nascemos puros, inocentes e cheios de admiração. Pedimos ajuda, amor e acalanto. Choramos pedindo uma resposta que não poderia vir de nossos pais, porque ela nunca veio para os nossos pais quando eles eram crianças.

Nós nascemos com uma confiança na vida que nos alimentou no calor do útero. Mas logo perdemos essa confiança. Aprendemos que estávamos errados, que fracassamos – estamos desapontados. Aprendemos a nos comportar. Aprendemos a responder de forma a evitar a punição ou receber afeto.

Nós crescemos em ambientes de violência evidente ou de neurose dissimulada. Limitamos o nosso potencial humano a um conjunto de comportamentos que nos permitem sobreviver, competir, dominar ou controlar. Nós aprendemos a condição humana, uma herança transmitida de pais para filhos, remontando-se ao começo da raça humana.

Agora somos adultos. Vivemos nessa dor, nesse fracasso e nessa decepção. Somos impulsionados por esses sentimentos. Se realizamos algo, nunca é o suficiente. Nós nunca podemos descansar. Nunca podemos ser. Nunca somos apenas como somos, estamos sempre nos tornando, esforçando-nos para agradar, para ter sucesso, para ganhar o amor e a admiração dos pais ou dos símbolos parentais que são incapazes de resposta.

Não há saída. Nem mesmo muita terapia ou meditação ajudará. Essas tentativas para mudar são simplesmente a mesma coisa – esse é o fracasso procurando por um novo comportamento que o satisfaça. Se apenas pudéssemos encontrar a criança interior, recobrar a nossa alma, ou sentar calmamente observando a nossa respiração, então, finalmente, poderíamos ser plenos, dignos e amorosos.

Não há saída. Essa condição não pode ser fixada. A própria tentativa de fixá-la, para ser melhor, para satisfazer a crítica que imaginamos, somente agrava o dilema.

A criança é a invenção dos pais. Os pais são a invenção da cultura. A cultura é a realidade construída a partir de uma cadeia infindável de tempo e condicionamento. A nossa dor, o nosso fracasso, o nosso desapontamento são uma invenção estabelecida por uma série de invenções.

Nós nascemos livres, como uma expressão da própria vida. Nós não somos crianças que pertencem aos pais que por sua vez pertencem a uma cultura. Não há nenhuma exigência real em nós para sermos qualquer coisa. Existe somente uma exigência inventada. Nós não precisamos encontrar uma criança interior inventada nem precisamos resolver quaisquer problemas a partir dos símbolos de nossos pais. Nós não precisamos ter sucesso ou nos preocupar com o fracasso de uma cultura construída.

Nós somos as crianças da vida, não as crianças da invenção.

A vida somente nos exige uma coisa, que é inerentemente preenchida por nós.

A vida somente nos exige uma coisa, que sejamos como somos.

É isso.

Não existe fracasso.

A vida é uma mãe maravilhosa. Ela nos inspira com toda a sua maternalidade tanto na demonstração quanto na comunicação de suas qualidades. Ela é a mãe perfeita, porque sem exigir nada em troca, ela nos dá liberdade e responsabilidade.

Nós nunca podemos nos recobrar do fato de termos sido filhos de nossos pais. Isso porque nós não somos filhos de nossos pais, somos filhos da Vida.

Na liberdade não existe fracasso. Na responsabilidade não existe dor.

A vida pode nos confiar a custódia e a guarda de uma criança. Não há nada mais encantador e desafiante do que quando a Vida nos confia essa tarefa. Mas isso é uma função, não uma posição, não é uma posse, não é uma situação de poder ou domínio.

Existem especialistas que nos recomendarão maneiras de modificar os nossos filhos, de fazer com que parem de chorar, de forçá-los a se alimentarem em nossos horários, de fazê-los dormir quando queremos que durmam. Esses são especialistas na destruição do espírito humano. Eles falam a partir da confusão na qual foram criados.

O especialista para criar uma criança é a própria criança.

A criança é a dádiva da vida em si mesma. Uma criança é a expressão da vida e possui uma inteligência que nós esquecemos quase que por completo. Somente a ignorância não pode ver isso em uma criança. A ignorância tentará se apossar de cada criança.

Ninguém possui uma criança.

Uma criança é livre.

Na liberdade não existe fracasso.

Seja livre, como uma criança.

Obtendo Mais Espaço – A Fronteira Interna

O nosso mundo está confuso, transbordante, sobrecarregado. Como podemos encontrar espaço em meio a toda essa confusão? Como podemos encontrar um momento, uma hora, um dia com um sentido de abertura, de atemporalidade, de amplitude ao invés da pressão do movimento, da atividade, da sobrevivência e da falta de tempo? Nós não conseguimos nem mesmo encontrar espaço em nossa vida para fazer ioga, meditação, *tai-chi,* ou qualquer uma de nossas práticas que supostamente nos permitirão ter mais espaço.

Nós estamos esmagados.

Aqui está o engano. Nós não encontramos espaço. O espaço nos encontra.

Nós estamos perdidos na floresta. A pior coisa que podemos fazer é perambular buscando uma saída. Buscar por uma saída faz com que percamos a nossa energia, nos faz sentir mais e mais frenéticos, e, geralmente, nos torna mais confusos e nos afasta da ajuda.

A melhor coisa a fazer quando estamos perdidos na floresta é sentar-se, fazer um bom fogo e relaxar. A melhor coisa é esperar que a ajuda nos encontre. Se estivermos entediados, podemos escrever mensagens na terra para que os aviões as leiam.

Nós estamos perdidos na complexidade. Ao procurar por espaço em nossa vida, preenchemos o espaço da nossa vida. Isso nos deixa exaustos e nos faz sentir mais e mais furiosos, afastando-nos de alguma ajuda. Deixemos que a amplitude da vida nos encontre.

Ela está sempre aqui, que é onde nos encontramos precisamente.

Relaxe. A ajuda está bem perto.

JÁ PARAMOS ALGUMA VEZ DE PENSAR E ESQUECEMOS DE COMEÇAR A PENSAR NOVAMENTE?

O buscador espiritual se aproximou do grande guru e pediu a ele que descrevesse a mente iluminada.
"Minha mente está perfeitamente vazia", disse o guru.
"Eu realmente não posso acreditar nisso", disse o buscador.
"Acreditar em quê?", disse o guru.

Em qualquer momento que o pensamento simplesmente pára, nós constatamos que somos parte do vasto e indiviso universo.

Nós constatamos isso, e então percebemos quão profundo é.

Começamos a pensar novamente. Retornamos mais rapidamente para um mundo indiviso, onde o pensamento é pensar, e o pensar é o "eu". Esse mundo do "eu" não é tão profundo, e quando nós habitamos nele, desejamos o mundo sublime do não-pensamento, um mundo no qual pensamos sobre muitas coisas.

Não existe dificuldade real em acessar o mundo do silêncio. Ele está sempre lá, no espaço entre os pensamentos. Mas esse silêncio do eu é quebrado pela insistência do pensamento, que tenta capturar o silêncio e analisá-lo.

Que tal se parássemos de pensar psicologicamente e não começássemos de novo? Então teríamos ainda o pleno funcionamento de nossos campos de percepção. Teríamos acesso à memória como um registro histórico. Teríamos conhecimento das tecnologias com as quais estamos acostumados a trabalhar. Mas não teríamos a idéia de um "eu" que está fazendo tudo isso.

Nós reconheceríamos que existe uma integração biológica de mente/corpo, mas esse aspecto da mente indivisa, como as ondas no oceano ou as pegadas na areia, seria indistingüível da matéria que nos rodeia.

É somente pela idéia de um eu separado que podemos construir a realidade que chamamos "eu". Sem isso, ficamos somente com a vida.

O que aconteceria se esse pensamento psicológico silenciasse? O pensamento concreto, o pensamento tecnológico, os pensamentos de percepção e sentimento iriam continuar, mas nenhum agente seria encontrado.

EXPERIMENTO: Observe o próximo pensamento surgindo e se dissolvendo no vazio. Onde está o pensador no momento em que esse pensamento desaparece e o próximo pensamento é gerado? Agora veja o próximo pensamento ocorrendo. De onde veio esse pensamento, e quem o está pensando?

EXPERIMENTO: Quando você abre os seus olhos depois de ter meditado ou depois de ter feito um relaxamento profundo por algum tempo, ou logo que acorda, há freqüentemente uns poucos momentos em que o campo de percepção está ativo, mas a mente conceitual não está. O que está acontecendo nesses momentos onde existe percepção, mas não existe nenhum conceito? Como você reconstrói a sua realidade?

PARTE 4

CHEGANDO AQUI, VINDOS DE LÁ

14

NO FINAL É O COMEÇO

UMA FÉ SEM CRENÇA

A fé ainda não está no agora: é o sabor da fruta que ainda não existe.

Laurens van der Post

Então eles se basearam nas margens da Fé e sentiram a maré dos antigos dogmas e certezas retirando-se sob os seus pés e por entre os seus dedos, solapando os alicerces sobre os quais eles permaneciam, uma sensação agradável e estimuladora e ao mesmo tempo ligeiramente preocupante. Pois nós todos preferimos acreditar, mesmo que sejam apenas em histórias, não é mesmo?

David Lodge

Se nós descartamos a crença, será que ficaremos com uma vida destituída de contexto, de sentido e de direção? Como viveremos uma vida sem crença? Afinal, as crenças nos dão segurança, e sem essa promessa de segurança, nós, de fato, ficamos somente com a fé.

A fé é o que permanece quando as crenças se queimam no fogo da indagação. A fé é a crença que cruza A Noite Escura da Alma.

A fé não pertence à mente, não promete nada do que já é conhecido, mas sim do que não é. Nessa libertação do conhecido, a fé conduz à vitalidade de cada momento, ao frescor, ao novo e ao vigor.

A crença é condicionada pelo pensamento. A fé está livre de toda a ideação.

A crença pode ser conhecida. A fé não pode ser conhecida.

A crença separa. A fé inclui.

A crença resiste à mudança. A fé é mudança.

A crença é o criado. A fé é o criativo.

A crença luta pela fé. A fé não luta por nada.

A crença é o mito da fé. A fé é o mistério da vida.

Nós não podemos ter fé na crença nem podemos acreditar na fé.

A crença é inerentemente insegura. A fé é inabalável.

A crença resiste ao desafio. A fé não tem desafio algum.

A crença busca mais crentes. A fé espera silenciosa.

A crença está ancorada na separação do nosso eu em relação a outro eu. A fé é uma expressão do todo para o todo, dentro do todo.

Como podemos viver sem crença? Vivendo sem o conflito das minhas idéias contra as suas idéias. Vivendo sem a competição de um eu com o outro. Vivendo sem resistência ao movimento da vida.

Nós vivemos na fé. Vivemos no potencial dinâmico da existência, explodindo em todos os momentos, imprevisíveis, incontroláveis, e incrivelmente belos, e então desvanecendo no profundo silêncio do universo. A fé é o reconhecimento da força da vida que anima esse ciclo infindável de criação e deterioração.

Nós vivemos na fé porque a fé vive em nós; nós somos a fé, e a fé é tudo ao nosso redor.

O FIM DO ESFORÇO

Aprendei com os lírios do campo, como crescem, e não trabalham nem fiam. E, no entanto, eu vos asseguro que nem Salomão, em toda a sua glória, se vestiu como um deles.[2]

Jesus

Vamos trazer vitalidade para a nossa vida e para a nossa meditação de realidade. Isso não é esforço. O esforço requer um agente.

Nós não vamos conseguir o que precisamos pelo esforço; obteremos o que o esforço necessita. O esforço necessita de realização espiritual, de reconhecimento e de mais estímulo para alimentar maiores esforços. Precisamos chegar ao fim da pressão para poder chegar, espiritualmente, a algum lugar.

Guarde o esforço para a partida de tênis, para a caminhada com o cachorro, ou para a prática com o violão. Esse é um esforço recreativo.

Gaste esforços levando as crianças ao zoológico, cortando a grama, ou terminando o relatório. Esse é um esforço produtivo.

O esforço espiritual não funciona. Realmente não existe tal coisa como esforço existencial. Não vale a pena o esforço. De qualquer modo, não há nenhum ponto de apoio de onde partir. E nenhum lugar para chegar.

Faça um esforço para não fazer um esforço.

Tente relaxar. Tente firmemente relaxar. Tente ainda mais.

Agora faça menos esforço para relaxar. Menos do que antes. Não faça absolutamente nenhum esforço para relaxar.

---

[2] Mateus 6:28. (N. ed. bras.)

Nós não podemos nem mesmo atingir o fim do esforço.
Essas são boas notícias.
Isso significa que podemos parar de tentar.

Permanecendo Sozinho Com Integridade

Existe alguma coisa que pode ser encontrada em algum lugar. É um grande tesouro, que pode ser chamado de plenitude da existência. O lugar onde esse tesouro pode ser encontrado é o lugar onde se está.

Martin Buber

Não existe nada do que fugir – e nada do que escapar. Estamos sempre sozinhos.

T.S. Eliot

Não recebemos muito apoio no nosso questionamento sobre a realidade. As estruturas sociais em que vivemos provavelmente não nos ajudarão. Os nossos parentes e amigos em geral ficarão consternados. Até as nossas próprias mentes irão se rebelar.

Considere isso uma advertência. Todos aqueles que estão indagando estão sozinhos no universo. Não existe apoio seguro, existe apenas a nossa integridade como guia. Até os relacionamentos forjados na compreensão dessa exploração, por natureza, devem nos desafiar e não nos mimar.

O questionamento profundo da existência não é para os medrosos e os diletantes. Uma tal indagação irá quebrar, transformar e mudar a totalidade da nossa perspectiva, porque a perspectiva vem do eu que não existe. Esse tênue véu de ilusão, uma vez penetrado, será sempre penetrado.

É importante que se traga uma tremenda ordem para a nossa vida e que exista um fundamento sólido criado na própria realidade que estamos explorando. É fácil dizer que a realidade é apenas o pensamento. É muito desafiador viver essa percepção em um mundo que está impregnado com pensamento de todos os tipos.

A ordem surge quando enfrentamos sem temor assuntos de dinheiro, trabalho, relacionamento, família e responsabilidade, e não quando fugimos deles. Muitos de nós nos escondemos de nossa vida em nome da espiritualidade. Dizemos que a vida é uma ilusão, quando, na realidade, nós somos a ilusão. A ilusão encontra-se no modo como nos apegamos ao nosso condicionamento, às nossas idéias e ao nosso eu.

Permanecer sozinho na realidade da vida significa ter completa responsabilidade com a totalidade de nossa vida. Nós não seremos reconhecidos por isso. Não seremos considerados espirituais. Sem um fundamento sólido, sem a ordem em nossas vidas, não poderemos perceber nada além da confusão que criamos por meio da negação. Mas, ao lidar com a nossa vida com integridade, podemos nos libertar do embaraço de uma existência desordenada e ter a base para uma indagação posterior.

Ninguém pode nos dar orientações de como viver com integridade. Ninguém pode verificar se nós estamos vivendo as nossas percepções.

Nós permanecemos sozinhos onde estamos. Esse é o portal para a totalidade da vida.

Crise e Mudança – Nós Estamos no Turbilhão

O mundo está em crise. As nossas florestas tropicais estão sendo derrubadas e queimadas. Os nossos oceanos e rios estão cada vez mais poluídos. O efeito estufa está derretendo as calotas polares. O mundo está com uma superpopulação de taxas alarmantes. O crime está em alta. Há balas perdidas e bombas ao acaso. O terrorismo global nos ameaça com tudo desde armas nucleares roubadas até armas biológicas terríveis.

Contemplamos esse tumulto, e as nossas mentes confundem-se com a vasta complexidade de tudo isso. Não temos idéia alguma do que fazer com tudo isso. No entanto, é crucial modificar essa situação, antes que seja tarde demais.

Tentamos pensar globalmente e agir localmente. Reciclamos o nosso plástico, o nosso vidro e o nosso papel. Enviamos um cheque para o Clube Sierra. Tentamos pedalar mais em nossas bicicletas. Temos um sentimento profundo de que nós não estamos realmente fazendo diferença alguma em nada e estamos provavelmente certos.

Tentamos nos engajar na espiritualidade. Esforçamonos para ter ao mesmo tempo a compreensão do interno e dos problemas externos. A nossa mente continua girando, mas agora nós podemos encontrar um foco a partir do qual podemos agir.

Nós marchamos, nos organizamos, escrevemos cartas e conseguimos dinheiro. Estamos pelo menos engajados com os problemas do mundo. Mas também sabemos que esses problemas parecem não se mover em função do nosso envolvimento. Nós continuamos não fazendo diferença.

As nossas mentes continuam girando. Elas nunca param de girar. Não importa o quanto fazemos em relação aos problemas que vemos ao nosso redor, os problemas continuam.

Isso ocorre por uma simples razão.

Nós estamos no turbilhão.

O problema não está apenas no mundo, ele está em nós por quem passa o turbilhão, nós que somos o mundo.

Não existe nem o interno nem o externo. Não há uma estrutura de espiritualidade. O mundo é um turbilhão. Não há nada no que se engajar que esteja fora do movimento de nossa própria conceitualização. E não há lugar algum a partir do qual possamos nos engajar nesse constante fluxo de interpretação.

O pensamento dividiu o mundo. Praticamente o problema está lá fora, ou ali, mas não aqui, agora.

O pensamento captou errado. Existe apenas uma crise, e é uma crise total. A crise é o próprio pensamento, a nossa crença nele, a nossa identificação com ele e com o seu filho bastardo, o "eu".

Nós desviamos a nossa atenção da realidade das estruturas conflituadas da nossa mente e tentamos acreditar que criaremos um mundo livre de conflito. Mas o que está em conflito não irá criar o fim do conflito.

O "eu" é o próprio conflito; ele não tem nenhuma intenção nem meios de fazer com que o conflito chegue ao fim.

O pensamento cria um mundo interno e um mundo externo. Esses são conceitos irreais.

Se o interno e o externo são uma só coisa, e se nós vemos toda a crise ao nosso redor, então nós também estamos vendo a crise que existe em nós.

Vamos ocupar-nos da crise que somos a partir de uma perspectiva espiritual, mas num contato direto com quem somos e o que somos. Se isso é uma crise, não deve haver adiamento, retrocesso ou tempo.

Será que estamos prontos agora para uma mudança radical, uma mudança revolucionária, uma mudança total? Será que a crise total que descobrimos nos trouxe a um ponto onde a resistência contra a mudança cessa?

O turbilhão pára.

O mundo pára.

O pensamento pára.

O "eu" pára.

Em um momento, a ação, a mudança, a cura expressam-se espontaneamente a partir desse silêncio.

Impermanência, Dor, Vazio e Compaixão

Há dois mil e quinhentos anos, Buda disse que a vida era impermanente, desconfortável e inerentemente vazia. Julgando com base em tudo que podemos ver em nosso pavimentado paraíso pós-moderno, parece que ele acertou na mosca.

Uns poucos séculos depois, Jesus veio, e sem estar tão envolvido no dilema existencial, nos recomendou, específica e inequivocamente, para que nos amássemos uns aos outros. De tudo que podemos descobrir pela investigação direta, o amor, a compaixão de nossa reciprocidade, é a única chance real que temos para realizar uma vida integrada.

Buda sugere que consideremos a impermanência, a dor, o vazio, e Jesus acrescenta a compaixão.

Os nossos pensamentos, sentimentos e as nossas impressões sensoriais parecem surgir e se desvanecer sem que permaneçam quaisquer qualidades duradouras. Parece que sentimos atrações e aversões por quase tudo, e ficamos num estado de insatisfação, um tipo de melancolia, uma dor fervilhante. Não conseguimos encontrar um centro, um "eu", por mais que tentemos. Parece que somos feitos de nada.

Quando olhamos para essa combinação de aspectos de nossa existência tão claramente apresentados por Buda, nós também notamos que evitamos reconhecer que essa é a nossa natureza. Preferimos agir, acreditar e fingir que isso não é bem assim. Gostamos de fingir que somos, cada um, um "eu", sólido como uma rocha, seguindo adiante, e totalmente à vontade.

Ficamos apavorados com a compreensão de que somos realmente o universo. Nós somos o poder, a glória, a sabedoria, tudo. Nós não somos realmente apenas proprietários de um Ford 1968, ou portadores de um certificado de depósito bancário, onde fechamos a compra das ações antes que os juros caiam, ou pais de um jovem destaque de um time de futebol. Nós não somos o aspecto do todo; nós somos realmente o todo.

Buda não estava apenas dizendo que nós não éramos nada; ele estava indicando que em função de não sermos nada, somos tudo. Isso é muito. Os budistas têm pensado sobre isso nos últimos milênios.

Jesus acrescentou a recomendação de que amássemos o nosso próximo como a nós mesmos (que é tudo que nos falta fazer quando somos tudo).

Essas são instruções diretas para atuar. Você é tudo, então, ame o seu próximo, que, no final, é você mesmo, de todo modo.

Mas é muito simples pensar dessa maneira. Assim, tivemos que criar milhares de livros para explicar o que esses visionários estavam dizendo. Agora existem várias escolas de pensamento, igrejas, seitas, padres, instrutores e sistemas dentre os quais podemos escolher. É verdadeiramente confuso, e nos deixaram confundidos. De outro modo, teríamos que viver a simplicidade do amor.

Nós temos medo de sair do medo e de amar. Somos todos semelhantes. E isso é uma coisa boa também.

Ao reconhecer que a condição humana é de todos nós, que somos todos semelhantes, nós encontramos o surgimento da compaixão.

Nós sabemos por que as pessoas fazem as coisas destrutivas e desonestas, porque nós sabemos o motivo pelo qual nós as fazemos.

Nós somos elas. Nós somos a condição humana. E sabendo disso, inevitavelmente nós encontramos a compaixão, a conexão, e começamos a amar.

Nós começamos a amar a nós mesmos, a amar uns aos outros, e a amar a condição humana.

O amor, no final, não vem pelo fato de sermos amados. Ele vem pelo fato de sermos humanos. Ele surge do nosso fracasso no amor e do nosso medo de amar. O mítico Jesus, depois de tudo, encarnou como um ser humano. Ele teve todas as paixões de um ser humano e todos os fracassos. Dentre alguns milagres realmente impressionantes, ele percebeu que os outros são nós mesmos.

Esse é o milagre.

O outros são nós mesmos porque, de fato, não existe nenhum eu para ser o outro, e nem um outro para ser o eu.

Jesus e Buda disseram a mesma coisa. Como poderia ser diferente? Não existiu nenhum Buda. Não existiu nenhum Jesus.

Existe apenas a impermanência, a insatisfação, o vazio e o amor. E não há nada disso.

Não há nada.

E não há aquilo, tampouco.

15

Expressando o Universal Naquilo Que É

Para chegar onde você está, a partir de onde você não está,
Você precisa seguir por um caminho onde não há nenhum êxtase.
Para chegar onde você não sabe
Você precisa seguir o caminho que é o caminho da ignorância.

T.S. Eliot

Você Não Pode Chegar Lá Nem de Onde Você Está Nem de Qualquer Outro Lugar

Além do conhecido e do desconhecido, o que mais existe?

Harold Pinter

Um homem viajou para visitar os seus parentes em um outro estado.
Decidiu seguir um caminho pitoresco e, depois de dirigir quase todo um dia, constatou que estava

completamente perdido. Ele encontrou um agricultor, que vinha em sua direção, e então parou para perguntar como poderia chegar à cidade onde moravam os seus parentes.
O agricultor pensou por uns instantes, e disse: "Bem, senhor, siga esta estrada cerca de oito quilômetros e dobre à esquerda... não, não é nada disso. Certo, siga aquela estrada abaixo cerca de dezesseis quilômetros até uma bifurcação... não, não é nada disso..."
O agricultor se deteve e, após considerar completamente o problema, disse: "Eu sinto muito, mas você não pode chegar lá por aqui".

Durante milênios a humanidade se baseou nas estruturas religiosas para interpretar e explicar os mistérios da vida e da morte. Durante muitos anos, os ensinamentos espirituais têm sido passados através das estruturas hierárquicas. Essas eram muitas vezes patriarcais, em outros casos matriarcais, mas sempre baseadas na autoridade. Poucas vozes, em todo esse tempo, disseram que a verdade não emanava de um centro, mas sim de um todo. Essas poucas vozes eram anomalias, curiosidades, obscuridades. Elas foram ignoradas.

Mas agora as estruturas do poder espiritual estão mudando. A luta no mundo espiritual, hoje em dia, ocorre entre o fundamentalismo religioso e o relativismo moral, entre um certo conhecimento da crença e o caos moral da crença no nada. A certeza está se desmoronando. A crença está se desmoronando. O caos está predominando. A revelação mística pode ser a expressão da verdade, mas as instituições religiosas que crescem a partir de visões interiores autênticas são construídas na ignorância, projetadas por burocratas e mantidas pelo poder, pelo medo e pela ameaça. Uma cultura global já não consegue tão facilmente convencer a respeito de certezas teológicas. As marcas Coca-Cola e Nike podem ser vendidas para uma cidade inteira, mas vender a verdade absoluta é um pouco mais complicado. É muito fácil ligar os canais de televisão para ouvir mais alguma outra verdade absoluta. Ou a versão feita pela TV da verdade absoluta. Quando existem múltiplas verdades absolutas, não há verdades absolutas. Tal qual os crentes ortodoxos de todas as religiões têm sempre advertido, o ecumenismo é a ruína das certezas religiosas.

O relativismo moral nos conduz à incerteza. Se tudo é uma construção social, incluindo as variantes das religiões, então nada está certo ou errado, não é mesmo?

Agora Moisés profere "Os Dez Mandamentos", e o Nobre Caminho Óctuplo é reescrito como os "Oito Passos para um Novo Você" e, sendo destacado nos mercados da mídia *pop* da Nova Era. As crianças aprendem como aclarar os seus valores na escola, baseadas na experiência de muitos pontos de vista, e decidem por elas mesmas o que é certo ou errado. Pais progressistas escolhem intermináveis recombinações de verdades relativas, ministradas uma vez por semana às crianças, por ortodoxos, conservadores, ou reformistas judeos, cristãos, sufis budistas, canalizadores mediúnicos e trabalhadores independentes. (Versão 7.0 para *Windows).*

A justiça é apresentada na CNN e na TV Câmara, e através da sabedoria de *Shiva/Shakti* da Jurisprudência norte-americana dos juízes Judy e Wapner.

O ideal democrático se degenerou até criar o governo por meio de dervixes da manipulação, os vazamentos na imprensa, as pesquisas de opinião.

A comunidade está interligada através de incontáveis milhões de quilômetros de fios da ampla rede mundial de televisão a cabo, onde nós podemos contar com os personagens Ally e Dharma como nossos amigos, e onde podemos ser vizinhos da família Simpsons no Sul e cantar alegremente. "Oh, não, eles mataram Kenny!" Nós experimentamos as nossas maiores inspirações com os *cyborgs* e os gladiadores que lutam no espaço nos programas de domingo. Experimentamos os nossos medos mais profundos através dos programas dos arquivos X. A realidade virtual não está no futuro, ela está virtualmente aqui.

Nós não acreditamos em nenhuma verdade absoluta. Nós não podemos acreditar no relativismo moral e na cultura do compromisso. E, para piorar as coisas, supostamente Deus está morto.

Não Acredite em Coisa Alguma

E se Deus fosse um de nós? Apenas um sujeito qualquer como um de nós?

Joan Osborne

Deus não está morto, a crença está. O mundo pós-moderno em que vivemos destruiu a crença tão completamente que tudo o que resta para acreditar é que não há nada em que acreditar.

Essa última crença que restou é que não há absolutos. A moralidade é relativa. A crença é uma construção social. A realidade é uma função da nossa cultura, da nossa educação e linguagem.

Nós costumávamos acreditar nos Estados Unidos da América, na democracia, na mãe, na torta de maçã, em Deus. Mas então vieram as drogas e o *rock and roll*, o Vietnam, e a contracultura destruiu a maioria dos absolutos que todos tínhamos concordado que eram realidades sólidas. A Contracultura se Rendeu Porque Agora Estamos Mais Velhos e Temos que Pagar a Hipoteca, *desconstruindo* a *desconstrução,* deixando para as novas gerações uma herança de um ceticismo cada vez maior.

Essa nova geração tentou expressar-se com negligência, depressão, música *grunge*, *piercings* no corpo, e lançando termos de ciência-ficção de alta tecnologia, com nomes tais como Netscape e Yahoo. A geração de 1945 a 1955 garante previdência social para as novas gerações. As novas gerações têm outras vantagens econômicas previstas nos planos de aposentadoria dos seus pais, e aqueles que estão aposentados agora estão felizes porque irão morrer antes que tudo desmorone.

A geração que está agora mesmo tornando-se adulta, a "geração.com", olha para tudo que surgiu antes dela cada vez mais alarmada. Onde está o botão para desligar?

Ninguém acredita em mais nada – exceto certos fundamentalistas, que acreditam muito profundamente em algumas coisas, ainda que estejam sempre discordando entre eles sobre as suas crenças. (Quando você tem crenças absolutas, esses argumentos continuam por um longo tempo e ocupam a maior parte da sua energia, então, você dificilmente tem tempo de planejar os seus ataques contra as pessoas que não acreditam em nada e que devem provavelmente ser consideradas verdadeiros bárbaros).

Mas para aqueles que não acreditam na crença, a não-crença é um posicionamento muito iluminado, muito moderno – e muito suspeito. Nós construímos essa não-crença através dos mecanismos da nossa cultura, nossa filosofia, nossa educação. Todos esses são sistemas de crença em si mesmos. Nós construímos, de fato, simplesmente uma nova crença.

O que acontece quando nós invalidamos essa última crença? Será que Deus finalmente falaria conosco? Será que Deus falaria depois de todos esses milênios de silêncio?

Milhares de anos se passaram nos quais as pessoas adoravam imagens esculpidas, seguiam interpretações do divino feitas por outros e fixavam-se na liturgia, na teologia e nos rituais em lugar da comunhão mística. Todos os profetas foram substituídos há muito tempo pelos padres.

Mas, de repente, em um espasmo da compreensão cultural, o Deus da Crença é declarado morto, e, assim, a Crença é declarada morta, e o ceticismo é coroado como sendo a última palavra nesse assunto. Isso é funcional. Deus é deixado em suspenso, e não há nenhuma punição para os nossos comportamentos errados, porque quem acredita em comportamentos errados, e muito menos em punição?

As coisas vão indo bem. As taxas de juros estão baixas. O mercado está em alta. Então alguma coisa acontece. Talvez Deus esteja ficando impaciente e repreendendo-nos um pouco, mas nós observamos que o ceticismo é uma crença também. Não apenas isso, mas que não é muito agradável.

No final do século vinte da Era Cristã, e, à medida que entramos no terceiro milênio, o que aconteceria se declarássemos o fim de todas as crenças? E se nessa realização o ceticismo, que é no final de tudo uma crença, se evaporasse? O que aconteceria se nós *desconstruíssemos* a *descontrução?*

Será que Deus falaria finalmente? Será que estaríamos em contato direto com o divino, que é tudo o que resta quando tudo o mais foi destruído? Será que finalmente passaríamos pela Noite Escura da Alma, o *Kali Yuga*[3] cultural no qual ficamos empacados? Será que iríamos querer ouvir o que Deus tem para dizer? O que diríamos a Ele? Poderíamos olhar diretamente para a face de Deus?

Não, isso não poderia acontecer. Deus está morto.

Mas isso é verdade? Será que Deus está morto? Ou é essa crença que está morta? (Talvez seja como a famosa pixação de rua: Deus não está morto, mas vivo, e trabalhando em um projeto muito menos ambicioso).

Ouça com muita atenção. Olhe a sua volta. O que está sendo expressado quando a crença torna-se silenciosa?

Deus está falando conosco? Será que queremos ouvir o que Deus tem para dizer?

Não acredite em Deus, não acredite no eu, e certamente não acredite em nada que está escrito aqui.

---

[3] O quarto *yuga*, a idade negra ou de ferro; o atual período do mundo, cuja duração é de 432.000 anos. A última das idades na qual o período evolucionário do homem é dividido por uma série de tais idades. Glossário Teosófico, 1995. Editora Ground. São Paulo. (N. ed. bras.)

E se Deus falasse conosco e nos dissesse para não acreditar em Deus? O que aconteceria naquele momento em que toda a crença fosse desmoronada e Deus e o eu desmoronassem com ela?

Agora o que restou?

Realidade – Nós Já Estamos Aqui

> *Veja: existe um universo geral ao lado; vamos até ele.*
>
> E.E. Cummings, IXI

Nós acreditamos na crença por tanto tempo que não consideramos a possibilidade de ela não ser necessária, e de que a sua ausência não provoque o caos. Nós não necessitamos acreditar em uma verdade nem em múltiplas verdades ou tampouco na verdade. Nós não precisamos acreditar na crença.

Temos à nossa disposição o material da existência, a realidade da nossa vida. A realidade da vida inclui a crença, mas não é definida por ela. Isso se deve ao fato de que a realidade da crença é um conceito, um pensamento, uma idéia, um condicionamento. Nós não vivemos sem a crença na realidade, mas vivemos livres de suas limitações.

A realidade não é uma escolha. É um fato.

A realidade não é uma crença. Ela ocorre sem a nossa ideação, sem o nosso envolvimento, sem a nossa interpretação.

A realidade também ocorre com a nossa ideação, com o nosso envolvimento e com a nossa interpretação.

A realidade inclui tudo, e tudo é realmente grande. É maior do que eu, do que você e do que nós. É maior do que todas as idéias, crenças, religiões e filosofias juntas, porque ela inclui todas essas... e mais. A realidade inclui tudo que podemos reunir, descrever, lembrar, imaginar, projetar e tudo o mais.

Nós não podemos possuir a realidade, não podemos captar a realidade, não podemos nos tornar realidade. A realidade está aqui.

Nós não podemos descrever o aqui. Isso é a realidade.

Nós não podemos estar inconscientes aqui. Isso é a realidade.

Nós podemos estar com raiva aqui. Isso é a realidade.

Nós podemos ser neuróticos e confusos, desejando estar aqui, pois estamos convencidos de que nós não estamos aqui. Isso é a realidade.

Esse vasto todo e tudo é a realidade. Nós somos essa amplitude. Nós somos todos e tudo. Nós somos a realidade. Nós já estamos nela.

Chegando Aonde Você Está e Permanecendo Ali

Uma coisa, todas as coisas:
Movendo-se entre elas e misturando-se,
sem distinção.
Viver nessa realização
É estar sem ansiedade em relação à não-perfeição.

Sengstan, Terceiro Patriarca Zen

Nós estamos onde estamos. Nós somos a amplitude. Nós somos todos e tudo. Agora, como podemos permanecer ali?

Nós tivemos tantas vezes a experiência de nos elevar, chegando à fluidez, a esse lugar de não-separação, apenas para nos depararmos novamente com o nosso "eu". O que poderíamos fazer para permanecer nesses estados?

A resposta é simples.

Existe o aqui.

Permanecer nele é fácil.

Existe o aqui.

Não há dois lugares para se estar. Não há uma escolha. Não há um lugar bom e outro ruim. Não existem dois lugares.

Existe um lugar. Aqui, lá, todo lugar é um. Nós estamos sempre em um único lugar. Permanecer nele é um fato.

Os estados da mente vêm e vão. Os pensamentos e sentimentos surgem e passam. Nós não estamos indo a lugar nenhum, o pensamento está indo para algum lugar. Nós não temos lugar algum para ir que não seja onde nós já estamos.

Nós estamos em vantagem, numa perspectiva, num aspecto do próprio pensamento. O pensamento por sua própria natureza cria o sentido de dualidade de sujeito/objeto. Quando ele surge, nós surgimos como o sujeito que é parte do pensamento.

É onde estamos.

O pensamento se perde no nada. Um outro pensamento surge. Nós surgimos como o sujeito que é parte do pensamento.

É onde estamos.

E assim por diante.

Nós dizemos que deveríamos estar conscientes desse processo, e não apenas vivendo inconscientemente. Quando esse pensamento surge, nós surgimos como o sujeito que é parte do pensamento.

É onde estamos.

Nós prestamos atenção e observamos a natureza do pensamento, como ele surge e cria um sujeito, um "eu". Quando esse pensamento surge, nós surgimos como o sujeito que é parte do pensamento.

É onde estamos.

Quando qualquer tipo de pensamento ocorre, nós surgimos como o sujeito. Quando os sentimentos ocorrem, nós surgimos. Quando qualquer acontecimento ocorre, nós surgimos.

Nós estamos sempre onde estamos.

Nós não estamos indo a lugar algum, porque não podemos alcançar lugar algum.

Agora, onde estamos quando os pensamentos se tornam silenciosos no espaço entre eles?

Posfácio

Realidade, Amor e Felicidade

Se a racionalidade fosse o critério para permitir a existência das coisas, o mundo seria um campo gigantesco de feijões de soja.

Tom Stoppard

Não vamos interpretar mal a *desconstrução* da meditação, os nossos relacionamentos, a nossa vida, as nossas atividades, como significando o fim delas. Nós vivemos em um mundo relativo no qual nós devemos abraçar a vida que estamos vivendo plenamente. Entender a natureza relativa e conceitual de nossa vida irá nos permitir essa plena amplitude.

Nós podemos entender que não somos as estruturas conceituais nas quais vivemos e com as quais nos relacionamos, mas esse é o meio no qual devemos atuar.

Se devemos amar, vamos amar completamente. Vamos amar no mundo absoluto do silêncio. E vamos amar no mundo relativo de nossos cônjuges, de nossas filhos, de nossos amigos e vizinhos. Esses dois mundos, no final, são um só.

Se pudermos encontrar a real natureza sem fronteiras, nós também poderemos trazer aquela qualidade para o mundo da limitação e da forma.

O nosso questionamento não tem a intenção de trazer algum entendimento que nos exclua de participar da vida ao nosso redor.

Mais propriamente, ele se propõe a nos trazer uma visão nova para o trabalho, para a escola, para o lar e para a comunidade.

Esse entendimento integral requer um tremendo interesse pelos detalhes da nossa vida. Quando trazemos essa qualidade para a vida diária, a nossa vida se transforma, e a mudança em nossa vida nos modifica.

Isso é crucial na alquimia de nossa vida, o ponto de encontro do interno e do externo, da forma e da não-forma. Aqui nós descobrimos a explosão da exuberância, do sentimento, que é uma existência vivida.

Viver é o que estamos fazendo ou não fazendo com as nossas filosofias, nossas técnicas de meditação, nossas religiões. Viver é a expressão da interconexão de todas as formas de vida. Nós não precisamos sentir medo disso. Não precisamos controlar isso. Não precisamos conter isso. Podemos simplesmente viver.

Nós podemos relaxar. O universal está expressando a si mesmo agora, sem o nosso esforço. A pressão para realizar está fora. Nós não precisamos sentar na posição de lótus com as pernas doendo. Não precisamos ler tomos esotéricos que explicam os mistérios do universo.

Sem a interpretação da mente, o universo é completo e indiviso.

E, mesmo com a atividade da mente, o universo é completo e indiviso. As nossas mentes simplesmente estão confusas com número de telefones, endereços, fatos e números, gostos e desgostos.

O universo é um universo confuso. É um universo completo, confuso e indiviso.

A mente não pode resolver esse paradoxo.

Nós podemos relaxar.

O todo não requer de nós que o compreendamos, somente que vivamos na plenitude da vida. Nossa indagação não é apenas a busca de uma explicação, mas o descobrimento da própria vida na realidade de cada momento.

***Mais informações** sobre Teosofia e o Caminho Espiritual podem ser obtidas escrevendo para a Sociedade Teosófica no Brasil no seguinte endereço: SGAS – Quadra 603, Conj. E, s/nº, CEP 70.200-630 Brasília, DF. O telefone é (61) 226-0662. Também podem ser feitos contatos pelo fax (61) 226-3703 ou e-mail: st@stb.org.br.*

Três Caminhos Para a Paz Interior

Carlos Cardoso Aveline

A arte de viver é curiosa: em qualquer lugar e tempo, a paz interior só depende de nós próprios. Ela é uma possibilidade a cada instante, e não é necessário adiá-la. Ao mesmo tempo, ela tem a tendência de estar conosco durante períodos curtos. Sentimos paz um dia, e no dia seguinte somos carregados pela agitação. Conseguimos compreender e eliminar um conflito, e pouco depois surge outro desafio que afasta a nossa tranqüilidade.

Isso ocorre porque ninguém é uma ilha isolada, e também porque a paz nunca se separa da verdade, da justiça e do equilíbrio. Sem esses fatores, ela é apenas uma ausência temporária de conflito que pode provocar mais sofrimentos no futuro; mas com eles ela é perfeita, durável e indestrutível.

É necessária toda uma caminhada de autotransformação para que possamos obter uma paz interior, completa e equilibrada, que seja feita de felicidade e que possa iluminar todos os aspectos da nossa vida.

O destino da alma humana é vencer, mais cedo ou mais tarde, os seus desafios. **Três Caminhos Para a Paz Interior** coloca ao alcance do leitor elementos centrais para que essa vitória ocorra mais cedo.

Wen-tzu
A Compreensão dos Mistérios Ensinamentos de Lao-tzu
Tradução do chinês: Thomas Cleary

Wen-tzu, A Compreensão dos Mistérios, pertence à mais autêntica tradição chinesa de sabedoria. Expressão do taoísmo filosófico, a obra foi escrita antes da era cristã. Seu ensinamento não conhece separações entre teoria e prática, e considera cada cidadão um resumo do seu país e da humanidade.

A tranqüilidade do mundo depende, pois, da existência de felicidade em cada coração humano. É de dentro para fora que surge o bem-estar. E o *Wen-tzu,* publicado pela primeira vez no Ocidente por Thomas Cleary, descreve como se expande e se contrai a harmonia sem fronteiras que dá vida eterna ao universo.